So ein Buch braucht jeder mal in seinem Leben.

— ANNA F.

Dies ist ein ausgezeichnetes Buch für jeden, der jemanden loslassen muss, den er liebt, aber eigentlich nicht will.

— MIA P.

Wenn du dich nach einer Trennung verloren fühlst oder wenn du dich nach zu vielen Nächten allein einsam fühlst, dann ist dieses Buch genau das Richtige für dich.

— EMILA D.

Printed in Germany

First Printing, 2019

JETZT LASSE ICH DICH LOS

WIE MAN NACH EINER TRENNUNG WIEDER ZU SICH SELBST FINDET

ANTONIA LEHMANN

In gewisser Weise bedeutet Vergebung bisweilen einfach, dass wir beschließen, den Hass in unserem Inneren nicht länger mitzuschleppen, weil wir begriffen haben, dass er uns vergiftet.

— JACK KEROUAC

INHALT

Wenn ich loslasse, was ich bin, werde ich, was ich sein könnte. Wenn ich loslasse, was ich habe, bekomme ich was ich brauche.

— LAOTSE

VORWORT

Eine Beziehung ist vorüber. Du musst nun loslassen. Was heißt das wirklich? Sollst du die Liebe loslassen, die du empfunden hast? Sollst du die Gefühle loslassen, die du hattest? Schließlich kannst du die Person nicht einfach aus deinen Erinnerungen löschen. Loslassen heißt, die Wut, den Ärger und die Feindseligkeit loszulassen, die du möglicherweise gegenüber der Person verspürst, mit der du nicht länger zusammen bist. Die physische Trennung war der einfache Teil. Jetzt musst du dich auf die mentale Trennung konzentrieren.

Für andere ist es leicht zu sagen, dass du loslassen sollst. Jedoch lässt jeder auf seine eigene, einzigartige Weise los. Manchen fällt es schwerer, weshalb es wichtig ist, sich Hilfe zu suchen. Das Lesen dieses Buches soll dir helfen, mehr darüber zu lernen, wie du dein Herz heilen und dich selbst stärken kannst.

Auch wenn du vielleicht Freunde hast, die dir von ihrem eigenen Herzschmerz erzählen und wie sie diesen überwunden haben, ist es dennoch nicht das Gleiche. Du musst herausfinden, wie du auf deine eigene Art heilen kannst. Ich werde dir eine Reihe von Werkzeugen vorstellen, die dich daran erinnern können, dass der Mann, mit dem du zusammen warst, nicht deine wahre Liebe war. Wenn ihr beide nun nicht mehr zusammen seid, dann liegt das daran, dass ihr nicht gut zusammengepasst habt.

Die Liebe überwindet alles. Die Liebe findet einen Weg. Wenn ihr beide füreinander bestimmt gewesen wärt, würdet ihr jetzt zusammen sein. Da ihr beide nun nicht zusammen seid, musst du ihn loslassen, damit du ihn hinter dir lassen kannst. Andernfalls wird er immer in deinem Kopf sein. Mit einem anderen Mann in deinen Gedanken wird es dir unmöglich sein, mit einem neuen Partner eure Möglichkeiten zu entdecken. Dies ist einer der Gründe, warum du herausfinden musst, wie du loslassen kannst. An jemandem festzuhalten, der deine Liebe nicht wert ist, ist nicht gesund. Lasse ihn los, damit du eine glücklichere, gesündere Version deiner selbst werden kannst.

Über die Jahre habe ich mit unzähligen Frauen und Paaren gearbeitet und ihnen geholfen herauszufinden, wie sie heilen können. Ich habe gesehen, wie Frauen an Beziehungen zerbrochen sind. Ich habe gesehen, dass schlimme Trennungen Jahre zum Verheilen brauchen können. Es gibt keinen Grund, warum du zulassen solltest, dass Jahre an die vorüberziehen, während du dich mit deinen Verletzungen auseinandersetzt. Nach einer schlimmen Trennung kann dein Selbstwertgefühl im Keller sein. Ich möchte dir zeigen, wie du dich so schnell wie möglich wieder aufrappelst.

Wenn du es zulässt, wegen eines Mannes in ein tiefes Loch der Depression zu fallen, hat er gewonnen. Er nimmt dir dein Selbstwertgefühl. Er nimmt dir Jahre deines Lebens weg. Er nimmt dir die Fähigkeit zu lieben. Das ist nicht fair. Dieses Buch soll dir zeigen, wie du das Ganze zu deinen Gunsten umkehrst. Mit mehr Kraft kannst du die Trennung überwinden und die Kontrolle über dein Leben übernehmen. Du kannst lernen, wie du die Situation in den Griff bekommst und deine Gedanken sortierst, damit du loslassen und nach vorn blicken kannst.

Solltest du deinen Ex Wochen, Monate oder Jahre nach der Trennung auf der Straße sehen, wirst du dich emotional genug losgelöst haben, dass du lächeln und winken kannst, ohne einen Stich des Schmerzes oder des Bedauerns im Herzen zu verspüren. Du kannst ihm beweisen, dass du ihn hinter dir gelassen hast. Du sehnst dich nicht weiter nach ihm und fragst dich nicht mehr, was hätte sein können.

Loszulassen ist ein wichtiger Schritt für den Rest deines Lebens. Du kannst dir zwar sagen, dass geliebt und verloren zu haben, besser ist, als nie geliebt zu haben, aber du solltest dich auch nicht so im Bewusstsein der verlorenen Beziehung verfangen, dass du dich zukünftigen Möglichkeiten verschließt. Die Liebe ist eine wunderbare und kraftvolle Emotion. Dich ihr nicht hinzugeben, kann es dir schwer machen, dich vollkommen erfüllt zu fühlen.

Unglücklicherweise bringt die Liebe einige Risiken mit sich. Sie erfordert, dass du dich einem anderen Menschen öffnest und verletzbar wirst. Wenn er nicht der Richtige für dich ist, lässt dich das Ende der Beziehung vielleicht zerbrochen zurück. Größere Widerstandsfähigkeit erlaubt dir, schnell herauszufinden, dass er nicht der Richtige für dich war. Du kannst ihn schneller hinter dir lassen, ohne dabei das Gefühl zu haben, etwas unschätzbar Wertvolles verloren zu haben.

Die Widerstandsfähigkeit ist nicht immer automatisch vorhanden. Sie muss aufgebaut werden. Wie widerstandfähig du am Ende einer Beziehung bist, hängt von einer Reihe Faktoren ab. Wenn ihr beide lange Zeit zusammen wart, „Ich liebe dich" gesagt wurde und/oder ihr fantastischen Sex hattet, kann das Ende der Beziehung ein ziemlicher Schock für das System sein. Das ist der Zeitpunkt, zu dem du deine Widerstandsfähigkeit aufbauen musst, sodass du keinen Schaden für den Rest deines Lebens davonträgst.

Sich von einer Trennung völlig herunterziehen zu lassen, kann sehr schnell passieren. Du hörst auf auszugehen, du verbringst deine gesamte Zeit mit Weinen und du verschließt dich vielen Möglichkeiten. Auch wenn es sich sicherer anfühlt, eine Mauer um dein Herz zu errichten, ist das mitnichten die gesündeste Lösung für dich.

Ich habe zu viele Frauen gesehen, die mit einer Mauer um ihr Herz durchs Leben gehen. Es macht sie kein bisschen glücklicher. Im Gegenteil: Die meisten Frauen mit einer Mauer um ihr Herz sind todunglücklich, weil sie sich dadurch von künftigen potenziellen Möglichkeiten in der Liebe ausschließen.

Dieses Buch soll dir zeigen, dass es besser ist, widerstandsfähiger zu werden, als eine Mauer hochzuziehen. Loszulassen ist der beste Weg, um über eine Beziehung hinwegzukommen. Als Beraterin für Beziehungen und mentales Wohlbefinden möchte ich dich durch diesen Prozess begleiten. Wir werden über Trennungen und über das Heilen sprechen sowie darüber, wie du dich auf eine künftige neue Liebe vorbereitest.

Ich möchte sehen, wie du „glücklich bis ans Ende aller Tage" wirst. Lass uns aber zunächst über deine schlechte Beziehung reden, in der du entweder gerade bist oder die soeben geendet hat. Es gibt Licht am Ende des Tunnels, lass es uns also finden.

Wer ja sagt zu seinem Schicksal, den führt es voran; den Widerstrebenden aber schleift es mit.

- Lucius Annaeus Seneca

EINFÜHRUNG

Glücklich zu sein, ist eines der wichtigsten Dinge im Leben. Es gibt Zeiten, in denen du einen Schritt zurückgehen und dein Leben neu bewerten musst. Sollte es etwas geben, was dich unglücklich macht, ist es Zeit, loszulassen. Oft geht es dabei um den Menschen, mit dem du gerade zusammen bist. Wenn dieser Mensch dich nicht glücklich macht und dich von deinem wahren Selbst abhält, bleibt dir keine andere Wahl, als ihn gehen zu lassen.

Das Problem dabei ist, dass es oft nicht leicht ist, jemanden loszulassen. Vielleicht hast du tausend kleine Gründe, warum du bei der Person bleiben willst, obwohl du nicht vollkommen glücklich bist. Du kennst ihn schon so lange, du willst nicht allein sein, andere Leute erwarten, dass ihr ein Paar seid und eines bleibt – die Liste möglicher Gründe ist lang.

Irgendwann musst du dich jedoch auf dich und deine Bedürfnisse konzentrieren. Tust du das nicht, wirst du nie glücklich sein, zumindest nicht vollkommen glücklich. Du schuldest es dir selbst, einen Weg des Loslassens zu finden, der euch beiden erlaubt, euch von der Beziehung zu lösen. Du kannst nicht dein bestes Leben führen, wenn dich jemand anderes herunterzieht.

In diesem Buch geht es darum herauszufinden, wie man jemanden komplett loslässt, um frei auf dem eigenen Lebensweg weitergehen zu können. Wenn du je eine Dating-Realityshow gesehen hast, weißt du wahrscheinlich, wie frühere Beziehungen eine neue Beziehung beeinflussen und sabotieren können, wenn jemand nicht über eine bestimmte Person hinwegkommt. Deine eigene Vergangenheit darf deine Chance auf Liebe nicht sabotieren. Darum ist es wichtig zu lernen, wie man jemanden auf die richtige Weise loslässt.

„Lass ihn gehen" ist leicht gesagt. Allerdings weißt du sicher schon, dass es nicht so leicht getan ist. Selbst deine besten Freunde sagen dir vielleicht schon, dass es Zeit ist, die Dinge zu beenden. Das heißt nicht, dass das so einfach über Nacht passieren kann. Es ist ein Prozess. Und wenn du dessen Ablauf nicht beachtest, kann dich der Trennungsschmerz noch jahrelang verfolgen.

Es gibt zu viele Leute, die immer noch von ihren vergangenen Beziehungen beeinflusst werden. Wenn du ständig an jemanden aus deiner Vergangenheit denkst, während du mit jemand anderem zusammen bist, ist das ein sicheres Zeichen dafür, dass du dich nicht komplett gelöst hast. Jemanden loslassen zu können, ist immer sowohl eine physische als auch eine mentale Sache. Es reicht nicht, dass dieser Mensch nicht mehr physisch anwesend ist – er darf auch nicht mehr in deinem Kopf wohnen.

Mit dem Loslassen ist eine Reihe von Schritten verbunden:

* Sei dir bewusst, *warum* du die Person loslassen musst.

* Nimm ordentlich Abschied.
* Baue dir ein Supportsystem auf.
* Nimm dir Zeit für dich.
* Wisse, was du willst.
* Akzeptiere kleine Fehler.
* Baue dein Selbstbewusstsein auf.
* Löse dich von deinem Ex.
* Blicke nach vorn.

Jeder dieser Schritte ist in sich selbst wichtig. Es gibt dafür keinen spezifischen Zeitrahmen. Ohne geistlos klingen zu wollen: Es wird so lange dauern, wie es dauert. Wichtig für dich ist, dass du dich während dieser Zeit auf dich selbst konzentrierst. Andernfalls wirst du dich durch die einzelnen Etappen bewegen, ohne wirklich loslassen zu können. Wenn jemand in deinem Leben dich unglücklich macht, schuldest du es dir selbst, dir ausgiebig Zeit für jede einzelne Etappe zu nehmen, damit diese Person dich nicht länger heimsucht und deine Zukunft sabotiert.

Jedes Kapitel beschäftigt sich mit einer dieser Etappen und erläutert die Gründe, warum diese Etappe wichtig ist und wie du sie bewältigst. Lass dir von anderen Leuten keine Zeitpläne vorgeben. Nur du kannst bestimmen, was für dich ein angemessener Zeitraum für die Bewältigung des Ganzen ist. Lass dir außerdem nicht von anderen Leuten die Gründe für das „Warum" liefern. Es gibt genug Leute in deinem Leben, die eine Meinung dazu haben, was du sagen, tun und denken sollst. Sie sind aber nicht du. Sie sind nicht diejenigen, die dein Leben leben. Das bist du.

Die Kontrolle über dein Leben zu übernehmen, ist nicht immer einfach. Du merkst vielleicht gar nicht, dass du nicht die Kontrolle über dein Leben hast, bis du versuchst, jemanden gehen zu lassen. An diesem Punkt stellst du fest, dass diese Person mehr Kontrolle über dein Leben hat, als du es jemals gedacht hättest. Umso mehr Gründe also, die Kontrolle zu übernehmen. Andernfalls wirst du ihn nicht loslassen können, wenn er dein Leben fest im Griff hat. Du musst dir dein Leben erst wieder zurückholen.

Es wird viele Momente geben, in denen du zurückschaust und dich fragst, wann du diese Kontrolle verloren hast. Wie konntest du das zulassen? Wie konntest du jemandem so viel Kontrolle überlassen? Wie sollst du jemanden loslassen können, wenn er so mit deinem Leben verflochten ist? All diese Fragen werden beantwortet werden – manche von ihnen werden von dir selbst mittels Selbstreflexion beantwortet werden müssen.

Manche Schritte werden dir leichtfallen, während du dich bei anderen vielleicht für eine Weile im Bett zusammenrollen und heulen musst. Es ist okay, Gefühle zu haben. Es ist okay, emotional zu werden. Du beendest ein Kapitel deines Lebens, und es ist okay, traurig darüber zu sein. Du darfst dabei nur nicht vergessen, dass dies notwendig ist, damit du nach vorn schauen kannst. Es ist notwendig, damit du glücklich sein kannst. Ein neues Kapitel anzufangen, wird einfacher sein, wenn du das alte abgeschlossen hast. Andernfalls wirst du in einem seltsamen Zustand von halb drinnen, halb draußen verbleiben.

Du kannst allerdings nichts erzwingen. Das heißt, dass du zum Loslassen bereit sein musst. Bist du für das nächste Kapitel deines Lebens bereit? Es fällt dir vielleicht nicht leicht, mit dem vorhergehenden Kapitel abzuschließen, aber dies ist ein notwendiger Schritt, um wieder nach vorn zu blicken. Mit besseren Lebensentscheidungen kommt auch das echte Glück.

Du wirst wieder wissen, wie sich ein echtes Lächeln anfühlt, anstatt nur eines vorzutäuschen, während vieles im Argen liegt.

Lass los. Zwei einfache Worte, die aber alles andere als einfach sind. Loslassen kann jedoch eine befreiende Erfahrung sein – und eine, die zu machen sich absolut lohnt. Auf geht's! Es ist Zeit, ein für alle Mal loszulassen.

WARUM DU LEBEWOHL SAGEN MUSST

Loslassen ist nur möglich, wenn du den Menschen, mit dem du zusammen bist, in die Vergangenheit setzt. Wenn du nicht willst, dass er Teil deiner Zukunft ist, kann er auch nicht mit dir in der Gegenwart sein. Die Person kann nur deiner Vergangenheit angehören. Damit das passiert, musst du „Lebewohl“ sagen.

Warum solltest du Lebewohl sagen? Möglicherweise gibt es Millionen Gründe, warum die Person ein für alle Mal aus deinem Leben verschwinden muss. Diese Frage kannst jedoch nur du beantworten. Warum willst du dich von ihm lösen? Warum ist er so schlecht für dich? Wie wird dein Glück durch ihn eingeschränkt? Diese Fragen zu beantworten, wird der erste Schritt sein, für immer loszulassen.

Warum dein „Warum“ so wichtig ist

Du kannst nicht loslassen, solange du dein „Warum“ nicht

kennst. Warum musst du ihn loslassen? Warum muss er für immer aus deinem Leben verschwinden? Dein Abschied wird wirkungsvoller sein, wenn du dir die Zeit nimmst, ehrlich gegen dich selbst zu sein.

DEIN „WARUM“ im Blick zu behalten, wird es dir einfacher machen, auch die anderen Schritte zu bewältigen. Du kannst nicht mit jemandem Schluss machen und ihn für immer aus deinem Leben verbannen, ohne der betreffenden Person ein „Warum“ zu nennen. Außerdem solltest du sicherstellen, dass du dich daran erinnerst, warum er nicht Teil deines Lebens sein kann. Du wirst den Menschen nicht einfach hinter dir lassen können, wenn du ihn einfach loslässt, ohne einen guten Grund zu haben.

WENN DU BEOBACHTEST, dass manche deiner Freundinnen ihre Männer immer wieder zurück in ihr Leben und ihre Herzen lassen, liegt das daran, dass sie sich nicht die Zeit genommen haben, mit allem abzuschließen. Es kann einige Zeit dauern, bis du verstehst, warum eine Person aus deinem Leben verschwinden muss. Sobald du jedoch den Grund herausgearbeitet hast, wird es dir wesentlich leichterfallen, nach vorn zu schauen. Auch mental wird es dir besser gehen.

WARUM SOLLTEST DU JEMANDEN LOSLASSEN? Warum muss dieser Mensch aus deinem Leben verschwinden? Warum bist du nicht länger in ihn verliebt? Warum macht er dich so unglücklich? Diese Art von Fragen musst du dir stellen. Du brauchst Antworten auf sie alle, bevor du loslassen kannst. Dein „Warum“ durch und durch zu kennen, verleiht dir mehr Klarheit. Es erlaubt dir, dich vorwärtszubewegen, ohne weiterhin zurückschauen zu müssen. Das kann der Seufzer der Erleichterung sein, auf den du gewartet hast.

Welches „Warum" ist es wert, Lebewohl zu sagen?

Woher weißt du, dass dein „Warum" ausreicht, um deinem Partner für immer Lebewohl zu sagen? Er frustriert dich hin und wieder, aber ist das genug, ihn loszulassen? Dies ist eine persönliche Frage, die du selbst beantworten musst. Alles läuft daraus hinaus, dir anzusehen, wer er wirklich ist und welche Gefühle er in dir auslöst.

Wenn dein Partner dich traurig oder wütend macht oder du dich fühlst, als ob du ausgenutzt wirst, dann lohnt es sich wahrscheinlich, ihn loszulassen. Besonders wenn du bereits mit ihm über deine Gefühle gesprochen hast und denkst, dass er sich nicht ändern wird oder kann, ist es Zeit, dich abzuwenden. Du kannst nicht Jahre deines Lebens mit Warten darauf verschwenden, dass er ein Aha-Erlebnis hat. Manche Männer werden dich nie an die erste Stelle setzen. Manche Männer sind nicht fähig, auf einen anderen Menschen einzugehen. Sobald dir klar wird, dass du dich in einer Beziehung befindest, die dich nicht glücklich macht, musst du herausfinden, woran das liegt, und diese Beziehung beenden.

Manche Beziehungen sind geradezu toxisch. Der andere tut dir nicht gut. Er zieht dich herunter. Er sorgt dafür, dass du dich mit dir selbst schlecht fühlst. Aus welchem Grund auch immer behältst du diese Person aber in deinem Leben. Du erlaubst ihr, dich immer wieder zu manipulieren. Dieser Typ Mensch muss als das erkannt werden, was er ist: toxisch.

. . .

Er kann eine oder mehrere der folgenden Eigenschaften aufweisen:

- misshandelnd
- narzisstisch
- egozentrisch
- selbstzerstörerisch
- klatschsüchtig
- lügnerisch
- emotional oder mental instabil
- finanziell abhängig

Es gibt noch zahllose weitere Gründe. Du brauchst nicht mit jemandem zusammenzubleiben, der dir nicht das Gefühl gibt, etwas Besonderes zu sein. Jeder hat sein Leben und seine Probleme, aber es kann sich nicht immer nur alles um ihn drehen. Wenn es mehr Tiefen als Höhen gibt, solltest du dir das klarmachen. Anstatt die Augen vor dem Problem zu verschließen und zu hoffen, dass es besser wird, kann es durchaus an der Zeit sein, die Probleme anzuerkennen und zuzugeben, dass es nicht besser werden wird.

An dieser Stelle ist es nötig zu reflektieren, wer er eigentlich wirklich ist. Sobald du einordnen kannst, mit wem du da zusammen bist, wird es einfacher für dich sein, ihm für immer Lebewohl zu sagen. Wenn du diesen Schritt hingegen überspringst, wird dieser Mensch seinen Weg zurück in dein Leben finden und du wirst nie wirklich über ihn hinweg sein.

Du hast nur dieses eine Leben und solltest daher das Beste daraus machen. Wenn dich jemand misshandelt, nimmt er dir dein Glück. Wenn dein Partner narzisstisch ist, werden deine Bedürfnisse nicht erfüllt. Wenn er selbstzerstörerisch ist, ist es nur eine Frage der Zeit, bevor die Zerstörung auch auf dein Leben übergreift. Manche Menschen laugen dich mental aus; andere emotional.

Wenn dein Partner ständig tratscht oder lügt, kann das emotional so auslaugend sein, dass du irgendwann ständig erschöpft bist. Das wird auch auf andere Bereiche deines Lebens Auswirkungen haben. Vielleicht stellst du fest, dass du kurz angebunden zu Leuten bist, die dir am nächsten stehen, seien es Familienmitglieder oder Freunde. Möglicherweise wird sogar deine Arbeitsleistung beeinträchtigt.

Du kannst jemandem nicht erlauben, dein Leben mit seinen toxischen Eigenschaften zu beherrschen. Wenn jemand emotional oder mental instabil ist, wird das auch in dein Leben hineinfließen. Du wirst feststellen, dass du mehr die Rolle einer Pflegerin einnimmst als die einer Partnerin. Willst du das für den Rest deines Lebens sein? Natürlich nicht. Darum ist es von entscheidender Bedeutung, dass du dir klarmachst, warum diese Person aus deinem Leben verschwinden muss.

Es kann sein, dass es in Bezug auf die Person, die du loslassen musst, mehr als nur ein „Warum“ gibt.

Möglicherweise bist du gewillt, über einen der Aspekte hinwegzusehen, die deinen Partner ausmachen bzw. die bestimmte Gefühle in dir hervorrufen. Wenn es jedoch mehrere

Eigenschaften gibt, die dich an deinem Partner zweifeln lassen, wird es viel einfacher sein, zu verstehen, warum du dich verabschieden musst.

WENN DEIN PARTNER nie zuerst an dich denkt, immer das Sagen hat und emotional auslaugend ist, wirst du für ihn nie oberste Priorität haben. In der Beziehung wird nie eine notwendige gesunde Balance bestehen. Auch wenn du willens bist, kurzfristig darüber hinwegzusehen, kann das auf lange Sicht keine Lösung sein. Irgendwann wirst du diese Mätzchen leid sein. Je eher du die Person loslässt, desto eher kannst du dich weiterbewegen. Andernfalls kommt es vielleicht so weit, dass die Person dir Jahre deines Lebens stiehlt. Das ist dir gegenüber nicht fair und du willst am Ende nicht bereuen müssen, dass du ihn nicht früher losgelassen hast.

DEIN „WARUM" kann eine ganz persönliche Sache sein. Denke daran, dass du niemandem Rechenschaft schuldest, warum du eine andere Person verlässt. Deine Freunde und deine Familie wollen vielleicht wissen, warum du immer noch mit ihm zusammen bist oder warum du dich entschieden hast, dich zu trennen. Du kannst natürlich gerne mit ihnen darüber sprechen, aber du schuldest niemandem eine Erklärung. Die einzige Person, der du eine Erklärung schuldest, ist die, mit der du Schluss machst. Allerdings ist das noch nicht die Phase, in der du dich gerade befindest.

DU MUSST TIEF in deinem Herzen und deinem Kopf wissen, dass jemand nicht gut für dich ist. Er sieht vielleicht gut aus. Er hat vielleicht einen gut bezahlten Job. Vielleicht kommt er sogar aus bestem Hause. Das alles sind jedoch keine Gründe, bei jemandem zu bleiben. Du fühlst dich anfangs ohne ihn einsam. Vielleicht können deine Freunde deine Entscheidung nicht verstehen. Schlussendlich geht es hier jedoch um dich und dein Glück. Wenn du jemanden loslassen musst, weil er dir Stress verursacht und dich davon abhält, wirklich glücklich zu sein, dann muss er gehen.

Die gute Nachricht ist: Sobald du dein „Warum“ gefunden hast, ist es leichter, dich vorwärtszubewegen. Du brauchst dir keine Sorgen mehr darum zu machen, dass er deine Gedanken völlig einnimmt und deine zukünftigen Beziehungen sabotiert. Du kannst nicht nur loslassen, sondern auch weitermachen. Das kann eine befreiende Erfahrung sein, und es lohnt sich, Zeit in den vollständigen Ablauf des Prozesses zu investieren.

Schreibe Tagebuch zu deinem „Warum“!

In diesem Moment musst du dir noch keine Gedanken darüber machen, was du ihm sagen wirst; noch musst du dich nicht um die Trennung sorgen. Worauf du dich jetzt konzentrieren musst, ist das „Warum“. Zu wissen, warum du Lebewohl sagen willst und warum du Lebewohl sagen musst, wird es dir erleichtern, vorwärtszugehen und dich in Zukunft gedanklich in einem gesunden Bereich zu bewegen.

Schreibe alles auf.

. . .

Du musst sicherstellen, dass du selbst an dein „Warum“ glaubst. Du brauchst außerdem etwas, was als stetige Erinnerung dient. Ein „Warum“ zu finden, ist der einfachste Schritt beim Loslassen. Sobald du sicher bist, dass er gehen muss, wird es dir leichterfallen, in deinem Entschluss stark zu bleiben. Wenn du in deiner Begründung schwankst, kann es ihm das leichter machen, wieder in dein Leben zu treten. Du willst die Kontrolle nicht verlieren, weshalb du dein „Warum“ niederschreiben solltest.

Schreibe ein Tagebuch, um den Prozess des Loslassens zu dokumentieren. Einen Ort zu haben, an dem du deine innersten Gedanken niederschreiben kannst, kann dir als Methode dienen, mit dir selbst in den Dialog zu treten.

Fange dazu mit einigen Stichpunkten an, was du an ihm nicht magst. Sei dabei spezifisch. Wie fühlst du dich mit diesem Menschen? Was sagt oder tut er, das du nicht magst? Sobald du anfängst, ehrlich gegen dich selbst zu sein, wirst du vielleicht feststellen, dass du ein halbes Dutzend Stichpunkte (oder sogar mehr) zusammenbekommst. Das ist gut, denn es bestätigt, dass du nicht mit der Situation zufrieden bist.

Je länger du in einer Beziehung mit jemandem bist, desto schwieriger wird es sein, Lebewohl zu sagen. Du hast eine Menge Gefühle der Person gegenüber. Du hast viel Zeit in die Beziehung investiert. Eine ausführliche Liste von Stichpunkten kann es jedoch leichter für dich machen, wirklich zu sehen, was Sache ist.

. . .

Darüber nachzudenken, warum du jemanden gehen lassen musst, wird dich nur bis zu einem bestimmten Punkt weiterbringen. Es niederzuschreiben, erlaubt dir, es auch direkt vor Augen zu haben. Dies wird dir dabei helfen, das Ganze auf eine andere Art und Weise wahrzunehmen und zu erkennen. Wenn du aufschreibst, dass er ein Egomane ist, wird es das leichter machen, es auch zu verstehen. Vielleicht hast du es schon seit einer Weile gedacht; jetzt, wo es schwarz auf weiß auf einem Blatt Papier steht, kannst du es verarbeiten. Sein großes Ego steht möglicherweise zwischen dir und deinem Glück. Wenn er sich über Jahre hinweg nicht dahin gehend verändert hat, nicht nur für sich, sondern auch für die Frauen in seinem Leben Raum zu schaffen, gibt es für dich keinen Grund, das einfach hinzunehmen.

Manche Schwächen mögen akzeptabel sein, andere sind es nicht. Du kannst nicht zulassen, dass solche inakzeptable Fehler zwischen dir und deinem Glück stehen. Genug ist genug! Du schuldest es dir selbst, diese Fehler zu benennen und dich dazu zu entscheiden, dich von ihnen abzuwenden. Dein Glück ist mehr wert, als jemand anderen bei Laune halten zu wollen. Du musst an erster Stelle stehen.

Tagebuch zu schreiben bietet verschiedene gesundheitliche Vorteile, die dir helfen können, dein „Warum" effektiver zu verarbeiten.

Tagebuch zu schreiben mag vielleicht neu für dich sein, dabei handelt es sich hierbei um eine Tätigkeit, die es schon mindestens seit dem 10. Jahrhundert gibt. Du kannst Papier und

Stift zur Hand nehmen, eine entsprechende App herunterladen, dein Handy nutzen oder sogar für dich persönlich einen Blog erstellen, den nur du lesen kannst.

Tagebuch zu schreiben hat einen positiven Einfluss auf dein körperliches Wohlbefinden. Es ist auch ein Mittel zur Stressbewältigung. Die Entscheidung, eine Beziehung zu beenden, kann Stress verursachen. Du brauchst daher eine Methode, wie du dem etwas entgegensetzt. Ein Tagebuch sorgt dafür, dass sich dieser Stress nicht negativ auf deine körperliche Gesundheit auswirkt.

Denke daran, dass es keinen Zeitplan für jeden einzelnen Schritt gibt. Nimm dir so viel Zeit, wie du brauchst, während du erarbeitest, warum du dich verabschieden musst. Dein Tagebuch wird es dir erleichtern, deine Gedanken und Gefühle klar herauszuarbeiten. Im Inneren kann sich alles durcheinander anfühlen; es in einem Tagebuch loszuwerden, kann helfen.

Besonders dann, wenn du mit einigen Stichpunkten zu kämpfen hast, solltest du für ein paar Minuten die Augen schließen. Nimm dir ein paar Minuten, um deine Gedanken und Gefühle in Bezug auf deinen derzeitigen Partner niederzuschreiben. Es wird dir leichterfallen, mit deinen innersten Gedanken in Kontakt zu treten.

Du wirst feststellen, dass dir das Tagebuchschreiben dabei hilft, dich selbst besser kennenzulernen. Wenn sich in deinem Leben jemand Toxisches aufhält, wird sich das im Geschriebenen niederschlagen. Vielleicht trägst du eine ganze Reihe von

Gefühlen in dir, die du vorher nicht wirklich benennen konntest. Das können Traurigkeit, Wut, Ärger und alle möglichen anderen schmerzvollen Emotionen sein. Die Intensität dieser Gefühle muss freigelassen werden, und Tagebuch zu schreiben ist eine Methode, effektiv damit umzugehen. Während du alle diese Gefühle auf Papier herauslässt, wirst du merken, dass du weniger gestresst bist. Das liegt daran, dass sich diese Gefühle nicht mehr in deinem Inneren aufstauen. Das Tagebuchschreiben kann die dringend benötigte Erleichterung sein, nach der du gesucht hast.

Du hast ein Problem, das du lösen musst. Warum ist dein derzeitiger Partner schlecht für dich? Wenn diese Frage für dich nicht leicht zu beantworten ist, kann das Tagebuchschreiben als Methode dienen, dein Problem zu lösen. Bei der Benutzung der rechten Gehirnhälfte lässt du Kreativität frei. Selbst wenn du keine natürliche Neigung zum Schreiben hast, werden einige Minuten freien Schreibens es dir erlauben, diese Kreativität in bestimmte Bahnen zu lenken. Wenn du dann zum Geschriebenen zurückkehrst und die Worte liest, wirst du möglicherweise feststellen, dass deine rechte Gehirnhälfte unbeabsichtigt einige deiner Probleme bereits gelöst hat.

Lebewohl heißt „Auf Nimmerwiedersehen“

Du musst auf eine Weise Lebewohl sagen, die für den betreffenden Menschen keine Tür mehr offenlässt, durch die er zu dir zurückkehren könnte. Du musst also sicherstellen, dass du diese Tür schließt, wenn du Lebewohl sagst, sodass er klipp und klar versteht, dass die Beziehung vorbei ist.

Dies ist der Punkt, an dem viele scheitern. Wenn du nicht

weißt, warum du Lebewohl sagst (oder der andere es nicht versteht), besteht die Möglichkeit, dass du ihn erneut in dein Leben einladen wirst. Vielleicht entschuldigt er sich in einem Moment der Schwäche. Und bevor du dichs versiehst, ist er wieder mit dir zusammen. Dein Partner wird weiterhin die gleichen Fehler machen und du wirst wieder von vorn mit den gleichen komplizierten und unglücklichen Gefühlen anfangen.

DU HAST NUR dieses eine Leben. Warum also solltest du weiterhin immer wieder die gleichen Fehler machen? Du verdienst etwas Besseres – und darum musst du Lebewohl sagen. Stelle sicher, dass dein Lebewohl auch ein eindeutiges „Auf Nimmerwiedersehen" ist, sodass es keine komplizierten Gefühle mehr zwischen euch beiden gibt.

ES IST WICHTIG, dass du die Worte „Lebe wohl" auch tatsächlich in deinem Kopf verwendest. „Lebe wohl" heißt nicht „Auf Wiedersehen" oder „Bis bald". Es heißt „Lebe wohl". Ein Kapitel deines Lebens geht zu Ende. „Lebe wohl" heißt, dass du ihn nicht wiedersehen wirst. Es vermittelt, dass das Kapitel vorüber ist und du auf deinem Weg weitergehen kannst.

DIES IST für euch beide gesünder. Viele Menschen sagen nicht wirklich „Lebe wohl". Sie sagen stattdessen Dinge wie „Ich brauche etwas Zeit". Eine Aussage wie diese hört sich an, als ob die Trennung eine temporäre wäre. Er wird wahrscheinlich in der Hoffnung verharren, dass du die Klarheit erlangst, die du brauchst, um zu ihm zurückzukehren. Auf diese Weise versuchst du nur, das Unausweichliche weiter hinauszuzögern, um dich nicht sofort damit auseinandersetzen zu müssen. Dies ist jedoch keine gesunde Herangehensweise.

. . .

DAS UNAUSWEICHLICHE HINAUSZUZÖGERN, wird dir nur mehr Lebenszeit nehmen. Es wird nur noch mehr wehtun, wenn du ihm erklären musst, warum er nicht gut für dich ist. In dem Moment, in dem du das „Warum“ für dein Lebewohl festlegst, sage auch Lebewohl. Andernfalls wird die Trennung nur viel länger hingezogen als nötig. Das ist nicht fair dir gegenüber und es ist auch nicht fair dem anderen gegenüber.

EINE TRENNUNG IST SCHWER. Hierfür gibt es keinen leichten Weg. Es muss aber getan werden. Loslassen ist nicht einfach, weil du jemandem einen Teil deiner selbst gegeben hast. Du hast dich geöffnet und dir erlaubt, verletzlich zu sein. Mit jeder gescheiterten Beziehung errichtest du automatisch mehr Schutzwälle, um dein Herz zu schützen. Wenn du jedoch lernst, loszulassen, sobald die Zeit dazu gekommen ist, wirst du diese Schutzwälle nicht brauchen.

LASS LOS, um dein Herz zu schützen. Gescheiterte Beziehungen sind kein Zeichen des Scheiterns. Gescheiterte Beziehungen sind eine Schule. Du lernst, was du in deinem Leben willst. Du wirst ein Kämpfer für die Liebe. Du sorgst dafür, dass du dich nicht einfach mit irgendjemandem zufrieden gibst.

LOSLASSEN LÄUFT DARAUF HINAUS, dass du emotional verfügbar bist für die nächste Person, die du hereinlassen willst.

WENN DU VOLLSTÄNDIG LOSLASSEN WILLST, musst du Lebewohl sagen und wissen, warum du es sagst. Habe im Hinterkopf, dass das Lebewohl für immer ist. Es handelt sich um ein „Auf Nimmerwiedersehen". Du brauchst diesen Menschen nicht in deinem Leben, zumindest nicht in der romantischen Position, die er in der Vergangenheit eingenommen hat. Dein „Warum" wird es dir erleichtern, die weiteren Schritte zu machen, ohne rückfällig zu werden und den anderen wieder hereinzulassen.

LEBEWOHL SAGEN

JETZT, DA DU WEISST, WARUM DU LEBEWOHL SAGEN MUSST, MUSST du es auch in die Tat umsetzen. Niemand soll sagen können, dass du jemanden länger hingehalten hast als nötig. Du musst die Bande zwischen dir und deinem Partner durchtrennen, damit du ihn loslassen kannst.

LEBEWOHL ZU SAGEN IST NICHT EINFACH mit einem Brief oder einer E-Mail getan. Du solltest es auf die richtige Weise machen. Damit ihr beide die Beziehung hinter euch lassen könnt, solltet ihr die Trennung auf erwachsene Art vollziehen. Das bedeutet, dass sie von Angesicht zu Angesicht erfolgen sollte. Auch wenn das nicht einfach sein mag, wird es auf lange Sicht das Beste für euch beide sein.

ES GIBT EIN PAAR DINGE, die du bedenken solltest, wenn du Lebewohl sagst. Du musst dich von ihm trennen, einen sauberen Abschluss finden, den ihr beide braucht, und emotionale Distanz aufbauen.

. . .

Auch wenn du vielleicht gerade nicht so sehr auf seine Gefühle konzentriert bist, musst du dennoch sicherstellen, dass auch ihm klar ist, dass es sich um eine Trennung handelt. Andernfalls schonst du vielleicht seine Gefühle, machst aber nicht deutlich, dass die Beziehung vorbei ist. Wenn du wirklich loslassen willst, solltest du jegliche Unklarheiten vermeiden. Er muss wissen, dass es vorbei ist und ihr beide nie wieder zusammenkommen werdet. Um das zu erreichen, musst du möglicherweise ein wenig deutlicher werden, als deine Persönlichkeit es dir im Normalfall erlaubt.

Lebewohl zu sagen bedarf von deiner Seite auch einiger Planung. Du solltest dabei nicht übereilt agieren. Konzentriere dich auf das, was getan werden muss, sodass du zu den darauffolgenden Schritten übergehen kannst. Wenn du ihn ein für alle Mal loslassen willst, solltest du auf eine Weise Lebewohl sagen, die für euch beide deutlich ist.

Die Trennung

Es gibt keine klare Anleitung, wie man sich am besten von jemandem trennt. Er ist nun schon seit einer Weile dein Partner. Du kennst ihn besser als jeder andere. Das bedeutet, dass du bei der Planung in etwa voraussehen musst, wie er reagieren wird. Du willst sicher keine Szene, egal wo du die Trennung planst. Außerdem solltest du sicherstellen, dass du deinen Fluchtweg kennst, sobald du gehen möchtest.

Die Trennung sollte nicht spontan erfolgen. Genau wie

ein Date sollte auch eine Trennung gut geplant sein. Das gibt dir Zeit, dich auf eine Reihe von Details zu konzentrieren:

- was du sagen willst;
- was du tun willst;
- wo du das Trennungsgespräch führen willst;
- wie du verbleiben willst.

Was willst du sagen?

Etwas wirst du sagen müssen, damit er weiß, dass es vorbei ist. Das abgedroschene „Es liegt an mir, nicht an dir" ist Quatsch. Dieser Satz sagt dem anderen nur, dass du nicht willst, dass er sich schlecht fühlt. Die meisten Beziehungen enden in der Katastrophe, weil eben echte Gefühle im Spiel waren. Wenn du dich nicht schlecht fühlst, gibt es auch nicht wirklich etwas, was du loslassen müsstest.

Sich zu trennen, ist nicht einfach damit getan, es auszusprechen und die Sache dann als erledigt zu betrachten. Warum willst du dich trennen? Warum jetzt? Diese Dinge musst du sowohl für dein eigenes mentales Wohlbefinden als auch für das seine abklären. Achte sowohl auf seine Gefühle als auch darauf, dass du deine eigenen Gefühle dabei nicht unterdrückst.

Sag, was du sagen willst.

Du brauchst dich nicht zurückzuhalten. Vielleicht bist du wütend oder traurig über das Ende der Beziehung. Sobald du jedoch dein „Warum" kennst, weißt du, dass die Trennung stattfinden muss. Gehe also hin und lass alles heraus. Fühle dich nicht, als ob du dich selbst zensieren müsstest.

. . .

Wenn du nicht sicher bist, wie du es sagen willst, oder nicht weißt, wie er auf deine Worte reagieren wird, probe das Trennungsgespräch vorher. Schreibe es dir auf. Sprich vor dem Spiegel. Übe im Rollenspiel mit einer Freundin. Sei dabei ruhig kreativ, wie du die Worte aussprechen wirst, welche die ganze Trennungssequenz in Gang setzen.

Die Trennung auf die eine oder andere Art zu üben, ist gesund. Somit weißt du schon im Voraus, was du sagen wirst, und es wird dir leichterfallen, es auch tatsächlich durchzuziehen. Wenn die Worte dich im Stich lassen sollten, könnte es für dich schwerer werden, deine Gedanken auch auszudrücken. Du könntest außerdem etwas Wichtiges vergessen, beispielsweise die Tatsache, dass du wirklich mit ihm Schluss machen willst.

Was willst du tun?

Betrachte dich selbst als Puppenspieler, wenn es um die Planung der Trennung geht. Wie willst du diese organisieren, sodass sie wie von dir geplant verläuft? Vielleicht willst du, dass die andere Person neben dir oder dir gegenüber sitzt. Oder du willst sie lieber an einem öffentlichen Ort durchführen.

Du kennst ihn besser als jeder andere. Was ist sein Persönlichkeitstyp? Wenn er schüchtern und zurückhaltend ist, ist es vielleicht besser, wenn ihr beim Trennungsgespräch unter euch seid und er danach mit seinen Gefühlen allein sein kann. Ist er eher laut und neigt dazu, dich zu schikanieren, könnte es besser sein, wenn du dich an einem belebten Ort von ihm trennst, sodass du dich sicherer fühlst.

. . .

Die Trennung sollte von Angesicht zu Angesicht stattfinden. Es gibt jedoch Umstände, unter denen das nicht gilt. Wenn ihr eine Fernbeziehung geführt habt, sollte keiner von euch für das Trennungsgespräch Geld ausgeben müssen. In diesem Fall sollte Videochat genutzt werden. Dies erlaubt dir, es angemessen von Angesicht zu Angesicht zu machen, ohne von ihm zu verlangen, dass er dich besuchen kommt, nur damit du ihm dann das Herz brichst.

Wo willst du das Trennungsgespräch führen?

Die Wahl des Ortes ist enorm wichtig, weil du bestimmt keine Szene erleben willst. Auch musst du dich an dem Ort sicher fühlen, an dem die Trennung stattfindet. Wenn dein Partner dazu neigt, unberechenbar, laut oder bedrohlich zu sein, solltest du einen öffentlichen Ort aussuchen. Wenn du das Gefühl hast, dass er gewalttätig werden könnte oder versuchen wird, dich in Verhandlungen über das Fortbestehen der Beziehung zu ziehen, solltest du möglicherweise eine Freundin oder einen Freund darum bitten, in der Nähe zu bleiben und Unterstützung zu leisten.

Restaurants sind öffentlich, können aber teuer sein. Er sollte dich nicht zu einem exklusiven Essen ausführen, nur damit du dann die Beziehung beendest. Er wird es dir übel nehmen, wenn er eine Menge Geld für ein Trennungsessen ausgibt.

Cafés sind öffentlich, gut erreichbar und bezahlbar. Willst du bei der Trennung nicht allein mit ihm zu Hause sein, ist ein nahe gelegenes Café möglicherweise eine gute Wahl.

. . .

WENN DU SCHON WEISST, dass ihr beide die Trennung wie Erwachsene ohne viel Drama handhaben könnt, ziehe ein Gespräch bei ihm zu Hause in Betracht. Es sollte bei ihm stattfinden, damit du danach auch gehen kannst. Wenn er zu dir kommt, musst du ihn am Ende eventuell rausschmeißen, wenn du zum Abschluss kommen willst.

BESONDERS WENN ES vermutlich Tränen geben wird, solltest du auf Privatsphäre achten. Du willst am Ende nicht in der Situation sein, dass er bei dir zu Hause weint oder nicht lockerlässt und du ihn nicht dazu bewegen kannst, zu gehen.

WIE WILLST DU VERBLEIBEN?

Du solltest dir außerdem überlegen, wie du nach der Trennung verbleiben möchtest. Das heißt nicht, dass du noch die Option offenlassen willst, wieder zusammenzukommen. Es bezieht sich darauf, wie du zu einem sauberen Abschluss kommst.

WIE IHR VERBLEIBT, hängt stark von der Art eurer Beziehung ab. Ist er dein Freund, könnt ihr die Sache möglicherweise einfach beenden. Wohnt ihr zusammen, wird einer von euch ausziehen müssen. Solltet ihr zusammen arbeiten, muss sich einer von euch eventuell einen neuen Job suchen. Seid ihr verheiratet, wirst du die Scheidung einleiten müssen.

STELLE SICHER, dass du für dich einige Richtlinien festlegst, wie du verbleiben willst. Statt die Dinge offenzulassen, solltest du dir überlegen, was du eventuell ansprechen musst.

– Hat er noch Sachen von dir, die du abholen musst?

– Hat er einen Schlüssel zu deiner Wohnung oder zu deinem Haus?

– Habt ihr gemeinsame Ausgaben?

ALLES, was euch beiden gemeinsam gehört, wird entweder aufgeteilt oder abgeschafft werden müssen. Wenn ihr beispielsweise ein gemeinsames Haustier habt, müsst ihr entscheiden, wer von nun an für es sorgen wird. Es ist am besten, wenn du jetzt schon über diese Dinge nachdenkst. Mache dir eine Liste, sodass du die entsprechenden Punkte während des Trennungsgespräches ansprechen kannst. Andernfalls wirst du dich später darum kümmern müssen. Wenn du zukünftigen Kontakt minimieren kannst, wird es dir leichterfallen, zu einem sauberen Abschluss zu kommen und nach vorn zu schauen.

ZU EINEM SAUBEREN Abschluss gelangen

Um die Beziehung hinter euch lassen zu können, braucht ihr beide einen sauberen Abschluss, sowohl du als auch dein Ex. Dieser besteht darin, dass ihr beide das Ende der Beziehung als Realität akzeptiert. Das gibt euch die nötige Entschlossenheit, mit eurem Leben weiterzumachen. Ohne diesen Abschluss wirst du dich nie wirklich auf eine neue Beziehung einlassen können, auch wenn du im Moment vielleicht noch gar keinen Gedanken daran verschwendest.

EIN SAUBERER ABSCHLUSS sieht für jeden etwas anders aus. Du kannst zwar seine Nummer löschen und ihn aus deinen Freundeslisten entfernen; trotzdem musst du dafür sorgen, dass die Trennung auch wirklich vollzogen ist. Damit das geschehen kann, müssen beide sagen können, was sie zu sagen haben.

SAGE ALLES, was du sagen musst.

LEGE IHM DEINE GEDANKEN DAR, sodass er weiß, warum du die Sache beendest. Er hat vielleicht in den letzten Wochen oder Monaten gespürt, dass du dich immer weiter von ihm entfernt hast. Üblicherweise passiert so etwas nicht innerhalb von ein paar Tagen. Daher ahnt er möglicherweise schon, dass eine Trennung auf ihn zukommt.

ES IST NICHT DEINE AUFGABE, ihn zu schützen. Staue deine Gefühle nicht in dir auf. Lass sie heraus. Lass ihn wissen, wie du über ihn denkst, und darüber, wie er sich dir gegenüber verhalten hat. Wenn es negative Gefühle gibt, an denen du festhältst, lass sie heraus. Auch wenn es bereits zu spät für euch ist, noch etwas zu reparieren, kann er doch sehen, dass sein Verhalten zum Scheitern dieser Beziehung geführt hat.

DU KANNST SELBST WÄHLEN, wie du ihm das alles sagen willst. Vielleicht machst du es lieber persönlich, sodass du seine Reaktion sehen kannst. Vielleicht bevorzugst du es, ihm eine E-Mail oder einen Brief eine oder zwei Wochen nach der Trennung zu schicken, sodass du zunächst etwas Distanz zwischen euch beiden geschaffen hast. Deine Gefühle uneingeschränkt herauslassen zu können, wird dir helfen, loszulassen.

. . .

Ohne einen sauberen Abschluss landest du nur in einer Art Auszeit, in der die Dinge unklar sind. Sätze wie „Ich brauche Zeit zum Nachdenken“ sind gut, um etwas Abstand vom Partner zu gewinnen. Einen sauberen Abschluss bekommt man dadurch jedoch nicht, da in diesem Satz nichts Endgültiges zu finden ist. Im Gegenteil, damit hältst du eine Hintertür offen. So gibt ihm dieser Satz möglicherweise das Gefühl, dass er auf dich warten sollte, bis du mit dem Nachdenken fertig bist.

Wie sollst du zu einem sauberen Abschluss kommen, wenn du die Sache nicht einmal richtig beendet hast? Wenn du ihm diesen oder einen ähnliches Satz sagst, wird er das alles sicher nicht hinter sich lassen können. Er wird auf dich warten. Vielleicht wird er dich sogar anrufen und dich von Zeit zu Zeit kontaktieren, um zu sehen, ob du jetzt genug Zeit zum Nachdenken hattest. Auf diese Weise schiebst du das Unausweichliche nur unnötig hinaus. Du solltest nicht um Zeit zum Nachdenken bitten, nur um dann die Trennung folgen zu lassen.

Sei direkt.

Der einzig sichere Weg zu einem sauberen Abschluss ist, direkt zu sein. Alles andere erschwert euch beiden nur die Einsicht, dass es wirklich vorbei ist.

Eine weitere Sache, die du bedenken musst: Ihr seid beide nur Menschen. Möglicherweise hast du bestimmte Erwartungen an deinen Ex in Bezug auf euren sauberen Abschluss. Eventuell liegt hierin einer der Gründe, warum du überhaupt Schluss machen willst. Vielleicht hat er dich betrogen. Vielleicht ist er gewalttätig geworden. Vielleicht hat er dich vernachlässigt. Vielleicht ist er narzisstisch. Was immer es ist oder war, betrifft dich aber nun nicht mehr, weil du beschlossen hast, die Sache zu beenden.

Erwarte deshalb keine Entschuldigung von ihm.

Dein Ex ist möglicherweise nicht zu einer Entschuldigung fähig. Möglicherweise sieht er sein Verhalten nicht als falsch an. Wenn du für einen sauberen Abschluss auf eine Entschuldigung von ihm wartest, wirst du diesen vielleicht nie bekommen. Das bedeutet, dass du darauf vorbereit sein musst, die Sache ohne den von dir gewünschten Abschluss hinter dir zu lassen.

Möglicherweise realisiert er gar nicht, dass er irgendetwas falsch gemacht hat. Wenn du dich von ihm trennst, wird er vielleicht wütend oder aufgebracht sein, da er nicht weiß, warum du Schluss machst. Du kannst dein „Warum" kurz darlegen und dann weitermachen. So, wie du vielleicht keine Entschuldigung bekommst, musst auch du dich nicht rechtfertigen.

Bereite dich auf Verhandlungen vor.

Auch wenn du die Trennung willst, ist er vielleicht noch nicht bereit dafür. In diesem Fall musst du darauf vorbereitet sein, dass er anfängt zu verhandeln. Er sagt vielleicht Dinge wie „Ich kann mich ändern" oder „Gib mir noch eine Chance". Wenn du in der Beziehung wirklich Raum für Wachstum gelassen hast, hast du das Warten auf diese Änderungen aber bereits hinter dir und ihm schon genug Chancen gegeben.

Verschwende nicht deine Zeit. Erlaube ihm nicht, deine Meinung zu ändern. Es gibt einen Grund, warum du dich von ihm trennst. Gehe zurück zu deinem „Warum" und lasse das Ganze noch einmal Revue passieren. Sei konsequent. Du willst, dass diese Trennung passiert, und darum wird sie auch passieren.

Rechne mit Wut.

Besonders wenn du ihm sagst, warum du dich von ihm trennst, und ihm seine Fehler darlegst, rechne damit, dass er wütend wird. Vielleicht wirft er dir im Gegenzug einige deiner Fehler an den Kopf. Vielleicht entscheidet er sich, dir ebenfalls alles zu sagen, was du in der Beziehung falsch gemacht hast. Lass dich davon nicht vom Kurs abbringen. Lass dich nicht wütend machen.

Die Beziehung ist vorbei. Es gibt nichts, was du noch dagegen tun kannst. Dich mit ihm zu streiten, zögert das Ganze nur hinaus und erhitzt unnötig die Gemüter. Wenn er wirklich so über dich denkt, ist es nur gut, dass es vorbei ist. So wie auch du sagen musstest, was du zu sagen hattest, soll es auch ihm gestattet sein. Auch wenn es wehtut: Gib ihm die Gelegenheit, wütend zu werden, solange er dabei nicht gewalttätig wird.

. . .

Zieht sich die Wut zu lange hin, setze einen Schlusspunkt. Erinnere ihn daran, dass er zwar das Recht hat, wütend zu sein, dies aber nicht die Tatsache ändert, dass die Beziehung zu Ende ist. Du bist diejenige, die in dieser Situation die Kontrolle hat. Als diejenige, die Schluss macht, bestimmst auch du, wie lange du ihn reden lässt. Sage ihm, dass er seine Gefühle in einem Brief oder in einer E-Mail ausführen soll. Du musst es dir nicht gefallen lassen, von jemandem länger angeschrien zu werden, als du es hinnehmen willst.

Sobald du mit dem Formulieren des Trennungsgesprächs, mit dem Verhandeln, mit der Wut und mit dem Austausch von Worten durch bist, solltest du deinen sauberen Abschluss erreicht haben.

Emotionale Distanz gewinnen

Du musst dich von den Emotionen distanzieren, die du für deinen Ex hattest. Auch wenn du noch nicht bereit bist, alles ihn Betreffende komplett zu löschen, solltest du über die verschiedenen Bereiche deines Lebens nachdenken, die dich an ihn erinnern könnten.

Fotos an deiner Pinnwand müssen entfernt werden. Fotos von euch beiden müssen aus deinem Handy gelöscht oder in einen Ordner heruntergeladen werden. Lieblingsplätze von euch beiden sollten für eine Weile vermieden werden. Die Trennung ist noch frisch, weshalb du im Moment wirklich keine weiteren Erinnerungen an ihn brauchst. Zunächst musst du all deine Gefühle verarbeiten, bevor du dich irgendetwas aussetzt, was emotional mit ihm verbunden ist.

. . .

SOBALD DU DICH von ihm trennst, solltest du in jedem Bereich deines Lebens auf die emotionale Distanz achten, die du brauchst.

FANGE MIT SOCIAL MEDIA AN. Lösche ihn aus deinen Freundeslisten und verfolge ihn nirgendwo mehr. Du willst nicht aufgewühlt sein wegen Benachrichtigungen darüber, wo oder mit wem er unterwegs ist. Wenn du glaubst, dass du zum Online-Stalker werden könntest, sei umsichtig und blockiere ihn ganz.

ÜBERLEGE, wo er sich in der Regel aufhält. Auch wenn du zur anderen Seite der Stadt fahren musst, um zum Supermarkt, zum Teeladen oder zur Reinigung zu gelangen, ist das in den ersten paar Wochen gesünder für dich.

REDE mit deinem Freundeskreis über die Trennung, sodass niemand in deiner Gegenwart über ihn spricht. Besonders wenn deine Freunde immer noch mit ihm befreundet sind, willst du nicht ständig hören, was er so macht oder mit wem er sich trifft. Du solltest einfach so tun, als sei er komplett aus deinem Leben verschwunden.

DIE EMOTIONALE DISTANZ ist von enormer Bedeutung, da du physische und mentale Erinnerungen an eure gemeinsame Zeit jetzt absolut nicht brauchen kannst. Je häufiger er in deinem Leben aufkreuzt, desto schwieriger ist es für dich, ihn hinter dir zu lassen. Du wirst mit Dingen wie Depressionen, Ängstlichkeit und sogar Wut zu kämpfen haben. Diese Art von Negativität kannst du in deinem Leben nicht brauchen. Es gibt einiges, was du tun kannst, um das zu vermeiden, aber du wirst daran arbeiten müssen, dass du nicht ständig getriggert wirst.

Außerdem solltest du sicherstellen, dass du nicht rückfällig wirst. Wenn du beim Betrachten von Fotos aus glücklichen Zeiten das Gefühl bekommst, einen Fehler gemacht zu haben, wird das nur für ständige Zweifel sorgen. Wenn es hart auf hart kommt, gestalte deine Umgebung so, dass du ständig daran erinnert wirst, warum es nicht geklappt hat. Schreibe all seine Fehler auf Klebezettel. Rufe dir ins Gedächtnis zurück, wie schlecht du dich mit ihm gefühlt hast und was dein „Warum" für die Trennung ist. Klebe diese Zettel an deinen Spiegel, über dein Bett und sogar an deinen Arbeitsplatz.

Denke daran: Der Schmerz, von ihm getrennt zu sein, ist zeitlich begrenzt. Je länger du den Erinnerungen an ihn aus dem Weg gehst, desto leichter wird es dir fallen, dich zu lösen. Sein Bild zu sehen, wird irgendwann nicht mehr so wehtun. Seinen Namen zu hören, wird irgendwann keine Bauchschmerzen mehr verursachen.

Statt dich auf die Trennung und das Ende der Beziehung zu konzentrieren, fülle deine Gedanken mit anderen Dingen. Mach ein paar Selfies. Gehe wandern und mache Fotos von der atemberaubenden Natur. Fülle dein Abendprogramm mit Events in deiner Stadt, sodass du deine festen Abläufe hast, bei denen du keinen Mann an deiner Seite brauchst.

Es ist schwierig, emotionale Distanz zu gewinnen, aber es ist ein notwendiger Schritt, wenn du loslassen und weitermachen willst. Gestatte dir, traurig zu sein, aber erlaube dir nicht, in deiner Trauer zu baden.

WENN ER LEBEWOHL SAGT

AUCH WENN DU GERNE DIEJENIGE WÄRST, DIE DIE SACHE BEENDET, ist es nicht immer deine Entscheidung. Wenn er die Beziehung beendet, verliest du etwas an Kontrolle über die Situation. Dies kann es erschweren, die Beziehung hinter dir zu lassen – besonders wenn die Art, wie er Schluss macht, dir verwehrt, die Gründe für das Ende zu erfahren. Das heißt nicht, dass dir damit das Loslassen unmöglich gemacht wird. Du musst einfach nur wissen, wie du die richtige Einstellung gewinnst und wie du dich ohne ihn weiterbewegst.

OB ER MIT dir Schluss macht oder ob er einfach jegliche Kommunikation mit dir abbricht: Er hat beschlossen, sein Leben ohne dich weiterzuführen. Es ist schwer – aber es ist auch etwas, womit du dich abfinden musst, weil du hierbei kein Mitspracherecht hast.

AKZEPTIERE, was er dir sagt!

Eine Trennung muss auf erwachsene Weise gehandhabt

werden. Du solltest nicht anfangen zu weinen, zu argumentieren oder zu schreien. Auch wenn dir nicht gefällt, was er zu sagen hat, musst du doch akzeptieren, was er sagt.

ALLES, was er während seiner Trennungsrede sagt, wird dir helfen, die Antworten zu erhalten, die du zum Weitermachen brauchst. Er sagt dir wahrscheinlich, warum er nicht mit dir in einer Beziehung sein kann. Das Klischee „Es liegt nicht an dir, sondern an mir" ist nicht das, was du hören willst. Frage ihn, warum er die Beziehung wirklich beenden will, wenn du keine zufriedenstellende Antwort bekommst.

OFT LIEGT ES TATSÄCHLICH AN DIR. Auch wenn du faktisch gesehen nichts falsch gemacht hast, hat er einen Grund dafür, warum er mit dir Schluss macht. Er will nicht in einer Beziehung mit dir sein. Vielleicht gibt es eine andere Frau, vielleicht auch nicht. Was auch immer es ist, du musst realisieren, dass er nicht mit dir in einer Beziehung sein will. Akzeptiere das und erniedrige dich nicht vor ihm.

ES GIBT ZWEI VERSCHIEDENE ARTEN, wie die Trennung ablaufen kann.

OPTION 1: *Du hast bereits geahnt, dass es so kommen würde.*

Vielleicht hast du es bereits geahnt, dass die Beziehung zum Scheitern verurteilt war. Nur dass er die Sache beendet hat und nicht du. Statt jedoch mit ihm zu diskutieren oder wütend darüber zu sein, zeige, dass du reif und erwachsen bist. Stimme ihm zu. Akzeptiere, dass ihm die gleichen Probleme aufgefallen sind wie dir. So besteht die Chance, dass ihr beide die Beziehung schneller hinter euch lasst. Wenn du dich davon aufwühlen lässt, dass er die Trennung herbeigeführt hat, verursacht dir das nur weiteren Herzschmerz. Akzeptiere die Trennung; du wusstest sowieso schon, dass sich die Beziehung in diese Richtung bewegt.

OPTION 2: *Du hattest keine Ahnung, dass es so kommen würde.*

Leider gibt es auch Trennungen, die dich aus heiterem Himmel treffen. Was soll das heißen, es ist vorbei?!, fragst du dich bestürzt. Ich dachte, wir wären so glücklich miteinander?! Das sind die Fragen, die du ihm wahrscheinlich entgegenschreien willst. Das wird dir jedoch nichts bringen. Akzeptiere, wenn er dir sagt, dass es vorbei ist, damit du dich ohne ihn vorwärtsbewegen kannst. Es ist verständlich, dass du lieber weiterhin in der Beziehung sein willst, aber das ist nur dann gut, wenn auch er in einer Beziehung mit dir sein will. Denke daran: Langfristig gesehen wird es dir besser gehen, ohne ihn zu sein, als in einer einseitigen Beziehung zu sein.

AKZEPTANZ IST DER ERSTE SCHRITT, um mit einer Trennung umzugehen. Es ist zwar ein Jammer, dass du es nicht in der Hand hattest, aber du musst dich der Realität stellen. Ihr seid nicht länger ein Paar und du bist nun auf dich gestellt. Egal, ob ihr Monate oder Jahre zusammen wart: Du bist jetzt Single. Er hat kein Interesse daran, mit dir zusammen zu sein. Das ist okay, auch wenn es sich jetzt gerade nicht okay anhört. Es gibt jedoch etwas sehr Positives an dieser neuen Situation: Sie gibt dir die Gelegenheit, jemanden zu finden, der sehr wohl mit dir zusammen sein möchte.

MIT GHOSTING UMGEHEN

Ghosting, also der komplette Abbruch jeglichen Kontakts und jeglicher Kommunikation, ist leider ein mögliches Szenario. Die Beziehung läuft super. Dann, ohne Vorwarnung, herrscht plötzlich völlige Funkstille. Dies kann in einer frühen Phase einer Beziehung passieren, beispielsweise bevor ihr überhaupt die Gelegenheit zu einem persönlichen Treffen hattet, aber auch nach vielen Monaten des Zusammenseins.

GHOSTING IST EIN PHÄNOMEN, welches derzeit immer häufiger auftritt, da Männer sich einfach nicht mit der Trennung auseinandersetzen wollen. Infolgedessen überspringen sie diese einfach ganz. Viele von ihnen haben Angst vor dem, was dann passieren wird. Das ist eine äußerst unreife Art des Umgangs mit einer Beziehung.

DAS GRÖSSTE PROBLEM beim Ghosting liegt darin, dass du Selbstzweifeln Tür und Tor öffnest. Du fragst dich, warum du nicht gut genug warst, was du falsch gemacht hast und warum du nicht liebenswert bist. Auch wenn es nicht einfach ist, musst du dir klarmachen, dass es nicht an dir lag. Du bist nicht diejenige, die nicht gut genug war. Er hat sich unreif verhalten. Er war nicht zu einer erwachsenen Beziehung fähig. Es war seine Schuld, dass es geendet hat, nicht deine.

VIELE MENSCHEN SIND BEQUEM, wenn es um Beziehungen geht – was dazu führt, dass sie in Bezug auf die Trennung ebenso bequem sind. Deshalb kommt Ghosting immer häufiger vor. Die gute Nachricht ist: Wenn er so eine Haltung an den Tag legt, ist es sowieso besser, sich jetzt schon von der Beziehung zu verabschieden. Das macht es zwar nicht weniger schmerzvoll, befreit dich aber aus einer Situation, in der du vermutlich sowieso nicht auf lange Sicht hättest bleiben wollen.

Es gibt ein Dutzend möglicher Gründe, warum jemand dich ghostet. Es kann sein, dass er nicht die Courage hatte, von Angesicht zu Angesicht mit dir Schluss zu machen. Oder auch, dass er bereits in einer Beziehung mit einer anderen Frau oder gar verheiratet war. Seine Partnerin hat Verdacht geschöpft, also hat er den Kontakt zu dir einfach abgebrochen, damit er sich nicht weiter rechtfertigen muss. Was auch immer der Grund war: Er hat dich als Erster zurückgewiesen.

Sieh es als Glücksfall. Personen, die sich als „Ghoster" herausstellen, sind häufig selbst äußerst unsicher. Sie fürchten sich vor Zurückweisung, also weisen sie als Erster zurück. Viele von ihnen sind nicht dazu fähig, ihre Emotionen offen zu kommunizieren. Vielleicht können sie generell nicht gut mit Emotionen umgehen.

Sei froh, dass du aus der Beziehung raus bist! Nimm das Ghosting nicht persönlich. Akzeptiere, dass er nicht zu dir gepasst hat, und lass ihn hinter dir. Auch wenn es eine Schande ist, dass du nicht mit ihm über seine Entscheidung und seine Gefühle sprechen kannst – er ist offensichtlich nicht reif genug, um mit dir in einer Beziehung zu sein – oder mit irgendjemandem sonst.

Du kannst seine Meinung nicht ändern

Sei dir bewusst, dass du seine Meinung nicht ändern kannst. Du solltest seine Meinung auch gar nicht ändern wollen. So, wie auch du wollen würdest, dass er deine Entscheidung respektiert, musst auch du bereit sein, das Gleiche für ihn zu tun. Du wirst dich nur blamieren, wenn du ihn anbettelst, dich zurückzunehmen.

EINE SOLIDE BEZIEHUNG basiert auf vielen verschiedenen Faktoren. Ein bedeutender davon ist die richtige Chemie. Auch wenn du eine starke Anziehungskraft zwischen euch verspürst, geht es ihm vielleicht nicht so. Dies ist manchmal schwer zu akzeptieren, aber du musst dazu bereit sein. Wenn es nicht für euch beide stimmt, ist es besser, das jetzt schon zu erkennen und weiterzusuchen. Andernfalls wird es nur noch mehr wehtun, je länger die Beziehung andauert, nur um irgendwann doch unausweichlich zu enden.

AUCH WENN DICH die Trennung möglicherweise aus heiterem Himmel getroffen hat, gibt es jetzt, da die Wahrheit ans Licht gekommen ist, nichts, was du dagegen tun kannst. Vielleicht hat er dir einen Grund für die Trennung gegeben, mit dem du umgehen kannst. Wenn er das nicht getan hat, mache dir bewusst, dass er seine Gründe hat – egal, ob du sie erfährst oder nicht.

VIELLEICHT HAT er sich in eine andere verguckt. Vielleicht hat er keine Zeit für eine Beziehung. Vielleicht zieht er ans andere Ende der Welt. Vielleicht steht er einfach nicht auf dich. Was auch immer der Grund ist, verschwende keine Mühen, seine Meinung ändern zu wollen. Er hat dir bereits alles gesagt, was du wissen musst: Er ist nicht an einer weiteren Beziehung mit dir interessiert. Akzeptiere das.

. . .

Wenn du vor ihm kriechst und ihn bittest, dich zurückzunehmen, lässt dich das schwach aussehen. Möglicherweise hast du sogar Erfolg damit, aber das wird nur von kurzer Dauer sein. Seine Meinung zu ändern, ändert seine Meinung nicht wirklich. Es schiebt nur das Unausweichliche auf. Er hat dir gesagt, dass er die Sache beenden will. Wenn du seine Meinung änderst, ist das nur ein Versuch, die Trennung weniger unangenehm zu machen. Er wird seine Entscheidung zurücknehmen, aber nur für eine kurze Weile. Er hätte die Sache nicht beendet, wenn er wirkliches Interesse an dir hätte und eine Zukunft für euch beide sehen würde. Statt ein zweites Mal die Trennung durchzumachen, akzeptiere, dass er bereits weg ist.

Je mehr du die Dinge verkompliziert, desto schwerer wird es am Ende. Wenn er mit dir zusammen sein wollte, würde er einen Weg finden, jegliche Hindernisse zu überwinden. Aus diesem Grund darfst du seine Gründe nicht als Sprungbrett nutzen, seine Meinung zu ändern. Es funktioniert nicht und du solltest nicht wollen, dass es funktioniert. Es hat keinen Sinn, mit jemandem zusammen zu sein, der nicht mit dir zusammen sein will.

Mach keine Szene.

Wie du mit einer Trennung umgehst, sagt viel über deinen Charakter aus. Es kann anderen Menschen auch etwas darüber verraten, wie reif du bist. Denke auf jeden Fall daran, wenn er sich dazu entscheidet, an einem öffentlichen Ort mit dir Schluss zu machen. Jemand, der ein Auge auf dich geworfen hat, könnte dich sehen. Wenn du weinst, mit Gegenständen um dich wirfst oder schreist, kann das interessierte Männer in die Flucht schlagen, weil du instabil auf sie wirkst.

. . .

Die Trennung sollte von beiden Seiten auf erwachsene Weise vollzogen werden. Wenn er sich unreif verhält, kannst du nichts daran ändern. Konzentriere dich darauf, wie *du* mit der ganzen Sache umgehst.

Befindet ihr euch in einer ruhigen Umgebung, sei es bei ihm oder bei dir zu Hause, verhalte dich ebenso erwachsen. Gehe, wenn du gehen willst, oder schmeiß ihn raus, wenn du genug gehört hast. Du brauchst nicht länger als nötig zu bleiben, besonders wenn er sich nicht respektvoll verhält. Wenn er jede einzelne Kleinigkeit auflisten will, die er an dir gehasst hat, übernimm die Kontrolle über die Situation. Es gibt keinen Grund, dir seine Gehässigkeiten anzuhören. Du kannst steuern, wie viel du dir davon anhören willst.

Wohnt ihr beide zusammen, denke daran, dass du all deine Sachen zurückbekommst. Wenn du explodierst und dich unreif verhältst, könnte er sich entscheiden, Rache an deinen Habseligkeiten zu nehmen. Versuche, an alles zu denken, und vereinbare mit ihm, wie lange du Zeit für das Abholen deiner Sachen hast. Andernfalls findest du deine Sachen möglicherweise in Tüten auf dem Bürgersteig, bevor du Zeit hattest, sie abzuholen.

Das Ziel sollte immer sein, die Trennung so erwachsen wie möglich zu handhaben. Auch wenn er die Trennung eingeleitet hat, hast du immer noch die Kontrolle darüber, wie du darauf reagierst und wie du dich im Anschluss verhältst. Stehe über deinen Gefühlen und sprich darüber, wie alles weitergehen soll, nun, da ihr nicht mehr zusammen seid.

. . .

MANTRAS, um ihn aus dem Kopf zu bekommen

Möglicherweise willst du nicht, dass die Beziehung zu Ende ist. Es ist jedoch nicht deine Entscheidung. Jetzt, da er Lebewohl gesagt und die Beziehung mit dir beendet hat, musst du bereit sein, ihn hinter dir zu lassen. Es gibt einige Mantras, die du dir im Stillen oder laut vorsagen kannst, um dich mental darauf vorzubereiten.

* ICH WILL NICHT mit einem Mann zusammen sein, der nicht mit mir zusammen sein will.

* Er wusste nicht zu schätzen, was er an mir hatte.

* Der Mann, der für mich bestimmt ist, wartet noch auf mich.

* Ich verdiene es, von einem Mann geliebt zu werden, der mich respektiert.

* Es hat keinen Sinn, an einem Mann festzuhalten, der nicht in mich verliebt ist.

DIESE MANTRAS KÖNNEN DIR HELFEN, mental eine bessere Einstellung zu der Trennung zu bekommen. Auch wenn es ein wenig dauern kann, dich von all dem zu erholen, was er gesagt hat – bewege dich vorwärts, das ist für dich am gesündesten. Vielleicht musst du dich einfach von Zeit zu Zeit daran erinnern, damit du darüber hinwegkommst, dass er die Sache beendet hat.

BAUE DIR EINEN KREIS ENGSTER VERTRAUTER AUF!

WAHRSCHEINLICH FÜHLST DU DICH GERADE ETWAS VERLOREN. Du bist nicht mehr in einer Beziehung. Du hast Schluss gemacht. Jetzt musst du dich wieder daran gewöhnen, wie es ist, Single zu sein. Möglicherweise ist es Monate oder gar Jahre her, dass du zum letzten Mal Single warst. Vielleicht fühlst du dich furchtbar einsam, bist sehr aufgewühlt und momentan gar nicht in der Lage, nach vorn zu schauen.

AN DIESEM PUNKT ist es wichtig, vertrauenswürdige Menschen um sich zu wissen. Du brauchst ein stützendes Netzwerk, um über die Trennung hinwegzukommen. Unabhängig davon, wie du mit deinem Ex verblieben bist: Du brauchst einen Kreis engster Vertrauter, auf den du dich verlassen kannst und der dir dabei hilft, loszulassen, sodass du ein für alle Mal frei sein kannst.

DEIN KREIS engster Vertrauter

Hinter jeder großen Frau steht eine Gruppe von Leuten, die

sie unterstützt. Wenn du unter einer Trennung leidest, egal, von welchem der beiden Partner sie ausging, brauchst du einen Kreis engster Vertrauter, der für dich da sein wird.

Es gibt eine Reihe von Gründen, warum du Menschen brauchst, die hinter dir stehen:

* Gemeinschaft mit Verbündeten
* Unterstützung und Trost
* freundschaftlicher Rat
* Ablenkung

Die ersten Tage und Wochen nach einer Trennung solltest du nicht allein bestreiten müssen. Wenn du niemanden hast, der dich moralisch unterstützt, ist die Wahrscheinlichkeit hoch, dass du dir das Telefon greifst und deinen Ex anrufst. Es ist sehr wahrscheinlich, dass du ihm textest, auf seiner Facebook-Seite postest oder sonst etwas tust, um ihm zu zeigen, dass du wieder mit ihm zusammenkommen willst.

Dir einen solchen Kreis engster Vertrauter aufzubauen, kann schwieriger sein, als du denkst. Du solltest jedoch auf jeden Fall ein paar wenige Leute haben, die zu deinen engsten Vertrauten gehören. Dies sind Leute, denen du jedes winzige Detail deines Lebens anvertrauen kannst. Das können Freunde, Freundinnen oder Familienmitglieder sein.

Lass deine engsten Vertrauten wissen, was passiert ist: Wenn diese Menschen dir in dieser schwierigen Zeit helfen sollen, müssen sie über alles informiert sein, was passiert ist. Teile ihnen dein „Warum“ für die Beendigung der Beziehung mit. Lasse sie außerdem wissen, wie die Trennung selbst abgelaufen ist. Gab es Tränen? Verhandlungsversuche? Wut? Beschreibe jedes einzelne Detail, sodass sie das Gefühl haben, sie wären bei deinem Trennungsgespräch dabei gewesen.

Es gibt triftige Gründe, warum deine engsten Vertrauten alles wissen sollten:

Erstens müssen sie dein „Warum" kennen, damit sie dich daran erinnern können. In schwachen Momenten können sie dir in Erinnerung rufen, warum dein Ex auch dein Ex bleiben sollte.

Zweitens können sie dich daran erinnern, wie stark du während des Trennungsgesprächs warst oder wie dein Ex versucht hat, die Schuld auf dich zu schieben. Sobald du etwas Distanz zu der Trennung gewonnen hast, wird die Erinnerung daran möglicherweise verblassen, und du wirst nicht mehr daran denken, wie schlimm es war. Deine engsten Vertrauten werden dich wieder auf den Boden der Tatsachen zurückholen.

Drittens werden deine engsten Vertrauten wissen, wie man dich aus deinen Tiefs herausholt. Du wirst womöglich einige Phasen durchlaufen, in denen du dich einsam fühlst, depressiv oder wütend bist. Deine engsten Vertrauten werden wissen, was du durchgemacht hast. Da sie dir näherstehen als sonst irgendjemand, werden sie wissen, was sie sagen oder tun müssen, um dich aufzumuntern. Das können sie allerdings nur schaffen, wenn sie auch alle wesentlichen Details kennen.

. . .

* Gemeinschaft mit Verbündeten:

Gemeinschaft mit Verbündeten kann dir auf eine Weise helfen, die du jetzt vielleicht noch nicht in ihrer Gänze verstehen kannst. Du brauchst mehr als nur Freundschaft. Du brauchst Gemeinschaft mit Verbündeten. Die Personen deines Vertrauens können dir von ihren eigenen Erfahrungen mit Trennungen und Loslassen erzählen. Du kannst von ihren Fehlern lernen. Diese Leute können dafür sorgen, dass du dich nicht so allein damit fühlst.

Wenn keiner deiner engsten Vertrauten bisher eine Trennung erlebt hat und keiner von ihnen jemals jemanden aus seinem Leben gehen lassen musste, wirst du nicht die Unterstützung finden, die du brauchst. Darum ist es von grundlegender Bedeutung, dass du deine engsten Vertrauten sorgfältig auswählst. Stelle sicher, dass du mit diesen Menschen viel gemeinsam hast, damit sie dir bei dem, was du durchmachst, auch tatsächlich helfen können.

* Unterstützung spendet dir Trost:

Deine engsten Vertrauten werden die „Kuscheldecke“ sein, die du direkt nach deiner Trennung ganz besonders brauchst. Du hast Mut bewiesen, indem du dich entschieden hast, einen geliebten Menschen aus deinem Leben zu verbannen. Es war jedoch schwer. Jetzt fühlst du dich verletzlich. Die Unterstützung, die du durch deine engsten Vertrauten bekommst, kann dir das Herz wärmen und dich darin bestärken, dass du das Richtige getan hast.

. . .

UNTERSTÜTZUNG KANN viele verschiedene Formen annehmen. Einer aus deinem Kreis backt vielleicht Kekse oder Kuchen für dich. Ein anderer kommt vorbei und guckt sich mit dir romantische Schnulzen an. Wieder ein anderer trifft sich mit dir zum Kaffee und gibt dir die Gelegenheit, dir die Augen auszuheulen.

MEHRERE LEUTE in deinem Kreis zu haben, bedeutet, dass du die notwendige Unterstützung bekommst, wann und wo du sie gerade brauchst. Möglicherweise sprechen sich deine engsten Vertrauten sogar untereinander ab, wer wann bei dir vorbeikommt. Dadurch bekommst du das, was du brauchst, ohne darum bitten zu müssen.

* FREUNDSCHAFTLICHER RAT HILFT DIR, dich vorwärtszubewegen:

DU KANNST NICHT alle Antworten kennen. Manchmal wirst du dich an deine Vertrauten wenden müssen. Sie können dir außerdem sagen, was du tun sollst, wenn du dich unsicher fühlst.

MÖGLICHERWEISE HAST du damit zu kämpfen, was du mit dir anstellen sollst, jetzt, wo du nicht mehr in einer Beziehung bist. Sprich mit deinen Verbündeten darüber. Profitiere von ihren Erfahrungen und ziehe deine eigenen Schlüsse und Lehren daraus, auf diese Weise wirst du dich auch nicht so allein mit deinem Kummer fühlen. Deine Verbündeten können dir berichten, was sie selbst getan haben, als sie in deiner Situation waren, oder dir Ratschläge geben, was sie an deiner Stelle tun würden. Das können sie tun, weil sie dich so gut kennen.

Möglicherweise wirst du jemanden brauchen, mit dem du über all deine aufgewühlten Gefühle sprechen kannst. Warum musst du immer noch weinen, wenn du an deinen Ex denkst? Wann ist es okay, wieder eure Lieblingsorte zu besuchen? Wann ist es okay, einen neuen Mann kennenzulernen? Auch wenn dir deine Verbündeten vielleicht nicht auf alle Fragen eine Antwort geben können, so können sie doch auf verschiedene Art und Weise helfen. Sich mit engen Freunden zu unterhalten, kann sehr wirksam sein. Manchmal geht es dabei sogar weniger um den Rat an sich als vielmehr um den therapeutischen Effekt. Du brauchst jemanden, mit dem du über alles reden kannst.

Jemandem dein Leid zu klagen, ähnelt dem Tagebuchschreiben. Es erlaubt dir darüber hinaus, dich es selbst laut aussprechen zu hören. Außerdem sorgt es für das Gemeinschaftsgefühl, das dich daran erinnert, nicht allein mit deinem Leid zu sein. Du bist nicht die Einzige, die sich von jemandem trennen und dann weiterleben musste. Das ist zwar nicht einfach, aber es ist einfacher zu bewältigen, wenn du weißt, dass du die Liebe und Unterstützung deiner Verbündeten hast.

Da dich deine Verbündeten gut kennen, wird ihr Ratschlag mit hoher Wahrscheinlichkeit goldrichtig sein. Sie können dir mehr als jeder andere sagen, was du tun solltest, weil sie genau wissen, wie du bist und was du fühlst. Sie können dir helfen und dich davon abhalten, dich nicht in deinen eigenen Gedanken zu verrennen. Wenn du feststellst, dass deine engsten Vertrauten dir nicht den Rat geben können, den du brauchst, besteht immer auch die Möglichkeit, sich einen Therapeuten zu suchen.

* LASS DICH ABLENKEN:

WENN DU EINE TRENNUNG DURCHMACHST, ist die Gefahr, dich in deinen eigenen Gedanken zu verrennen, sehr groß. Du denkst vielleicht an all die Dinge, die du ihm noch hättest sagen können; überlegst, wie du jetzt überhaupt weitermachen sollst; oder du denkst, dass du einen Fehler gemacht hast, und willst ihn zurück. In diesem Fall ist es das Beste, wenn du dich mit irgendetwas ablenkst. Ansonsten wirst du in deinem Kopf feststecken, bis du durchdrehst.

DEIN FREUNDESKREIS WIRD für dich da sein und für Ablenkung sorgen, selbst wenn du gar nicht abgelenkt werden willst. Da ist immer diese eine Freundin, die dich in den Klub schleift, egal wie oft du sagst, dass du nicht willst. Das ist genau der Typ Freundin, den du jetzt brauchst. Diese Menschen wissen, wie sie dich aus deinen Grübeleien herausreißen können.

GUT SIND AUSSERDEM Menschen für dich, die dich dazu bringen, deine Komfortzone zu verlassen. Vielleicht hat jemand aus deinem Freundeskreis ein Hobby, das du nicht kennst oder (noch) nicht teilst. Solche Leute können dich an etwas Neues heranführen – das ist genau das, was du gerade brauchst.

TRENNUNGEN SIND SCHWER. Wenn du es jedoch schaffst, dich eine Weile von deinen eigenen Gedanken zu befreien und die

Sache für ein paar Stunden zu vergessen, wird dir das sehr guttun. Du wirst anfangen, dich von deinem Ex zu lösen, und hast damit Platz in deinem Kopf für glücklichere Gedanken.

DEINE PROFIS

Es gibt keinen Grund, warum du deinen Kreis engster Vertrauter nicht um andere Menschen erweitern solltest, die dir auf die eine oder andere Art helfen können. Profis können dir die mentale und emotionale Unterstützung geben, für die deine engsten Vertrauten vielleicht nicht so gut gerüstet sind.

DU SOLLTEST dich nicht schlecht damit fühlen, um Hilfe zu bitten. Manche Menschen sehen es als Schwäche an, wenn sie einen Profi um Hilfe bitten, sei es ein Priester, ein Therapeut oder jemand anderes. Das ist Unsinn. Du brauchst Zeit, um zu heilen – das ist keine Schwäche. Deshalb solltest du jede Art von Heilungsangeboten annehmen, die du bekommen kannst.

DU KANNST dich an so viele Profis wenden, wie du möchtest:

* Priester oder andere religiöse Personen
* Therapeuten
* Beziehungstherapeuten oder -berater
* Yogalehrer

* WENN DU GLÄUBIG BIST, wende dich an einen Priester oder Pfarrer:

EINE RELIGIÖSE BERATUNG kann dir helfen, einen tieferen Sinn für dich zu erkennen. Wenn du deinen Glauben wiederbeleben möchtest oder einfach hören willst, was eine Person des Glaubens zu deiner Trennung zu sagen hat, kannst du einen Termin mit deinem Priester oder Pfarrer ausmachen. Oder du kannst einen Gottesdienst besuchen. Das Wort Gottes kann oft helfen, sich mit seinen Entscheidungen mehr im Reinen zu fühlen.

JE NACHDEM, welcher Kirche du angehörst, kann es dir auch guttun, einem Hauskreis beizutreten. Dies gibt dir die Gelegenheit, mit anderen Menschen Zeit zu verbringen, die deinen Glauben teilen. Sie können dir zeigen, dass es einen göttlichen Sinn in deinem Leben gibt. Sie werden dir helfen, wieder mit deinem Glauben in Verbindung zu treten, und dir zeigen, dass es keinen Grund für dich gibt, in der Vergangenheit zu leben. Besonders wenn du mit jemandem zusammen warst, der deinen Glauben nicht geteilt hat, kannst du dies vielleicht als einen weiteren guten Grund ansehen, warum ihr nicht länger zusammen seid.

* WENN DU DEPRESSIV BIST, mache einen Termin mit einem Therapeuten aus:

EIN THERAPEUT KANN DIR HELFEN, wenn du mit Angst oder Depressionen zu kämpfen hast. Jeder Mensch verarbeitet eine Trennung anders. Wenn du ständig Druck auf der Brust verspürst oder beim geringsten Anlass in Tränen ausbrichst, ist es vielleicht an der Zeit, zu akzeptieren, dass du verstärkt Hilfe benötigst.

WÖCHENTLICHE ODER VIERZEHNTÄGLICHE Sitzungen bei einem Therapeuten sind für dich eine gute Gelegenheit, mit jemandem darüber zu sprechen, was du durchmachst. Du kannst außerdem Methoden und Strategien erlernen, um besser mit deiner Angst und/oder Depression umgehen und sie bewältigen zu können.

Zudem kann ein Therapeut dir empfehlen, einen Psychologen oder Psychiater aufzusuchen, wenn er glaubt, dass du weitere Unterstützung wie beispielsweise Medikamente benötigst.

Du solltest dich nicht wegen eines Menschen, mit dem du zusammen warst, für immer zerbrochen fühlen müssen. Schaffst du es nicht allein, gibt es Profis mit entsprechender Ausbildung. Sie können dir als weiser Wegweiser dienen.

* Wenn du sichergehen möchtest, dass du in deiner nächsten Beziehung nicht die gleichen oder andere Fehler machst, vereinbare einen Termin mit einem Beziehungstherapeuten oder -berater.

Ein Beziehungstherapeut wird sich in erster Linie auf dich und deine Beziehung sowie auf deine Beziehungsmuster konzentrieren. Ein Beziehungstherapeut kann dir aber auch behilflich sein, um dich und dein psychisches Gleichgewicht wiederzufinden.

Es ist eine weitverbreitete Fehlannahme, dass Beziehungstherapeuten oder -berater nur für Menschen in Beziehungen gedacht wären. Das stimmt so nicht. Du kannst dich auch an einen Therapeuten wenden, um deine persönlichen Denkmuster zu analysieren. Wenn deine vergangene Beziehung mit negativen Assoziationen besetzt ist, kann das Einfluss auf all deine zukünftigen Beziehungen haben. Möglicherweise musst du deine Sichtweise in Bezug auf Beziehungen ändern oder modifizieren, damit du dich auf deinem Weg vorwärtsbewegen kannst.

Die Trennung war vielleicht deine Schuld; vielleicht war sie seine Schuld; oder aber sie war euer beider Schuld. In jedem Fall wird dir ein Therapeut ein geneigtes Ohr schenken, damit du darüber sprechen kannst, wie deine Beziehung Stück für Stück zerbrochen ist. Außerdem wird er dir Fragen stellen, die dich die Beziehung aus unterschiedlichen Blickwinkeln betrachten lassen.

Mit der Hilfe eines Therapeuten kannst du heilen. Du wirst mehr darüber erfahren, wer du bist, was du von einer Beziehung erwartest und warum du es verdienst, glücklich zu sein. Solche Informationen können von unschätzbarem Wert sein. Deshalb ist es manchmal wichtig, deinen Kreis engster Vertrauter um Menschen außerhalb deines Freundeskreises zu erweitern.

* Wenn du mehr in deine innere Balance kommen möchtest, besuche einen Yogakurs:

Yoga bietet eine ganze Reihe von Vorteilen. Neben einer größeren Elastizität und dem Abbau von Muskelverspannungen kann Yoga auch deiner mentalen Gesundheit förderlich sein. Der beste Grund für einen Yogakurs nach einer Trennung ist der Stressabbau. Besonders in den ersten Tagen direkt nach der Trennung stehst du unter starker psychischer und physischer Spannung. Deinem Atem zuzuhören und den Yogaübungen zu folgen, die der Kursleiter vorgibt, kann es dir leichter machen, dich zu entspannen.

Du wirst Wege finden müssen, dich aus deinem Kopf zu befreien. Ein Yogalehrer kann deine Anspannung spüren und dir helfen. Bewusste Atmung ist eine der ersten Grundlagen, die du beim Yoga lernst. Sie ermöglicht dir, deine Aufmerksamkeit und deine Konzentration zu schärfen. Meditation kann ein guter Weg sein, um deinen Gedankenschleifen zu entkommen.

Besuche so viele Yogakurse, wie du möchtest. Den richtigen Lehrer zu finden, kann etwas dauern; fühle dich also nicht verpflichtet, beim ersten, den du findest, bleiben zu müssen. Hast du einmal erlebt, welch positiven Effekt Yoga auf dein mentales Wohlbefinden haben kann, stellst du vielleicht fest, dass du den Kurs auch lange nachdem du deinen Ex losgelassen hast, weiter besuchen willst.

Zu deinem Kreis engster Vertrauter kann wer auch immer du möchtest gehören.

Natürlich gibt es noch viele andere Leute, die du in deinen Kreis engster Vertrauter einladen kannst. Wichtig ist, dass du nicht versuchst, es allein zu schaffen. Du kannst deinen Helferkreis so zusammenstellen, wie es für dich am besten ist. Indem du Menschen hereinlässt, bist du deiner Seelenqual nicht allein ausgeliefert. Viele deiner Freunde werden dir gerne etwas von dem Schmerz abnehmen, wenn du sie nur lässt. Solltest du das Gefühl haben, dass deine Freunde mit manchen deiner Gedanken nicht umgehen können oder dir nicht weiterhelfen können, lass dir auch von Profis helfen.

SOBALD DU DIR deinen Kreis engster Vertrauter aufgebaut hast, wirst du zu heilen beginnen. Diese Menschen können so lange bei dir sein, wie du sie brauchst. Vielleicht stellst du auch fest, dass du sie permanent bei dir haben möchtest. So kannst du sicherstellen, nicht wieder in ein Tief zu fallen oder dich erneut in einer problematischen Beziehung zu verfangen.

MANTRAS für deinen Kreis engster Vertrauter

Ein Mantra kann dir helfen, dich auf das Positive in deinem Leben zu konzentrieren. In diesem speziellen Fall können dich Mantras darin bestärken, dir einen Kreis engster Vertrauter aufzubauen, während du daran arbeitest, deinen Ex loszulassen.

MANTRAS, die dich leiten können:

* Freundschaft ist im Leben von unschätzbarem Wert.

* Freunde fordern nichts von mir. Sie haben keine bestimmten Erwartungen an mich, die ich erfüllen muss, damit sie mich mögen.

* Freundschaft ist nicht an Bedingungen geknüpft.

* Gute Freunde kommunizieren auch ohne Worte.

* Ein wahrer Freund ist auch in stürmischen Zeiten für mich da.

ES IST WICHTIG, Mantras zu haben, die du dir von Zeit zu Zeit selbst vorsprechen kannst. Diese sind dazu gedacht, dir zu sagen, dass es okay ist, dich auf deine Freunde zu stützen. Wenn sie ihrerseits eine schwere Zeit durchleben, wirst du auch für sie da sein.

Echte Freunde werden immer zu deinen engsten Vertrauten gehören. Diese Mantras können dir als Erinnerung daran dienen, dass es okay ist, sie etwas für dich tun zu lassen. Eine Beziehung loszulassen, ist schwer. Wenn du nicht zulässt, dass deine Freunde für dich da sind, kann das Loslassen unmöglich sein. Es gibt keine Bedingungen, an welche die Liebe, die Unterstützung und der Rat deiner engsten Vertrauten geknüpft sind. Lass sie für dich da sein. Lass sie dich heilen. Eines Tages wirst du die Gelegenheit haben, für sie das Gleiche zu tun, wenn sie der Heilung bedürfen.

bisher fremd gewesen ist, eignet sich die Zeit nach einer Trennung perfekt, um damit anzufangen. Du brauchst dafür nicht viel Geld auszugeben. Du brauchst nicht einmal besonders viel Zeit, solange du sie gut zu nutzen weißt. Es gibt jede Menge Ideen, wie du sie gut nutzen und dabei mental heilen kannst. Bedenke auch immer: Es gibt einen großen Unterschied zwischen „allein sein" und „einsam sein".

Warum Zeit für dich so wichtig ist: Indem du bewusst Zeit mit dir selbst einplanst, sorgst du für dich selbst. Viel zu viele Menschen sind heutzutage so beschäftigt mit ihrer Arbeit, ihren Freunden und anderen Dingen, dass sie sich selbst aus den Augen verlieren. Vielleicht hast auch du so viel um die Ohren, dass dir nicht einmal bewusst ist, dass du nicht gut auf dich achtgibst. Besonders Mütter beklagen sich oft darüber. Sie sind so sehr damit beschäftigt, für ihre Familie zu sorgen, dass sie überhaupt nicht dazu kommen, einmal innezuhalten und nachzudenken, was sie selbst eigentlich brauchen.

Es gibt zwei Gründe, warum du Zeit für dich brauchst. Erstens musst du dafür sorgen, dass deine Grundbedürfnisse erfüllt werden. Zweitens musst du wieder mit dir selbst in Verbindung treten und herausfinden, wer du bist.

Gib auf dich acht!

Vermutlich tust du all die grundsätzlichen Dinge, die zur allgemeinen Routine gehören, wie Zähne putzen, duschen, dich ankleiden etc. Aber was tust du, um dir persönlich etwas Gutes zu tun? Wann hast du zum letzten Mal etwas Exklusives nur für dich getan? Ob es sich dabei um deinen Lieblingskaffee vom Laden an der Ecke oder um eine Wochenendkreuzfahrt mit den Mädels handelt: Du musst sowohl mental als auch körperlich auf dich achtgeben.

Aktiv für dich selbst zu sorgen, gibt dir die Gelegenheit, dein Gehirn neu hochzufahren. Du kannst Stress abbauen, dich entspannen und somit deine Konzentration verbessern. Dabei wirst du feststellen, dass du sogar produktiver wirst, weil du zwischendurch immer mal wieder Zeit zum Entspannen hast.

Sobald du anfängst, mental auf dich achtzugeben, wirst du merken, dass du Probleme leichter zu bewältigen vermagst. Das wird sich auch auf deine Beziehungen auswirken. Mit einer besseren Grundstimmung kannst du auch eine bessere Freundin, eine bessere Kollegin, ja sogar eine bessere Chefin sein. Wenn du hingegen gestresst bist, dann bist du leicht reizbar und reagierst ungehalten, ob dir das bewusst ist oder nicht.

Tritt mit dir selbst in Verbindung!

Vielleicht denkst du, dass dich niemand so gut kennt wie du selbst. Wenn du aber lange mit deinem Ex zusammen warst, kennst du dich hauptsächlich als die eine Hälfte eines Paares. Jetzt, wo die andere Hälfte fehlt, fühlst du dich möglicherweise ein wenig verloren. Dir Zeit für dich selbst zu nehmen, gibt dir Raum, dich wieder selbst zu entdecken.

Wenn du nicht weißt, wer du bist, ist es auch für andere schwierig, dich kennenzulernen. Zeit, die du mit einer Aktivität deiner Wahl verbringst, ermöglicht es dir, deine eigenen Gedanken zu ordnen. Du erkennst, was du magst und was nicht. Vielleicht beschließt du auch, dir ein Hobby zu suchen – ohne dass dir das jemand ausreden will. Es gibt niemanden mehr, der über deine Zeit bestimmt; du kannst damit machen, was du willst.

Mit dir selbst in Verbindung zu treten, bedeutet, dich selbst zu entdecken. Du kannst herausfinden, ob du mit dir glücklich bist oder ob es Dinge gibt, an denen du arbeiten möchtest – ob es dabei um dein Selbstbewusstsein, dein äußeres Erscheinungsbild oder darum geht, die Dinge offener auszusprechen.

Es ist einfacher, mit dir selbst zusammen zu sein, wenn du dich selbst kennst. Wenn du jemanden loslassen willst, muss das Alleinsein für dich angenehm sein. Solltest du dich nicht dabei wohlfühlen, wirst du immer daran festhalten, was du mit deinem Ex hattest. Jetzt, wo er weg ist, bist du auf dich allein gestellt. Das muss für dich in Ordnung sein.

Du kannst allein sein, ohne dich einsam zu fühlen. Es ist wichtig, den Unterschied zwischen „allein sein" und „einsam sein" zu verstehen. Während du lernst, Zeit mit dir selbst zu verbringen, bist du vielleicht allein; da du dich jedoch damit wohlfühlst, mit deinen Gefühlen allein zu sein, wirst du dich nicht einsam fühlen.

Das Alleinsein kann sehr lohnend sein. Es ermöglicht dir, dich mental und spirituell erfrischt zu fühlen. Wenn du jedoch merkst, dass das Alleinsein in Einsamkeit umschlägt, während du Zeit mit dir selbst verbringst, verdränge deine Gefühle nicht, sondern versuche, sie konkret zu benennen. Auch wenn du feststellst, dass du, statt dich mit Freunden zu treffen, lieber Fernsehen guckst oder Alkohol zu trinken beginnst, um deinen Kummer zu vergessen, bist du möglicherweise kurz davor, in eine Depression zu rutschen. Dann ist es eventuell an der Zeit, dich an einen Profi deines Helferkreises wie beispielsweise einen Therapeuten zu wenden.

Lerne, deine Zeit mit dir selbst zu genießen, sodass du dich danach lebendig und erfrischt fühlst. Wenn du dich während dieser Zeit unsicher und erschöpft fühlst, machst du etwas falsch. Betrachte deinen Singlestatus als ein Privileg und experimentiere, wie du deine Zeit für dich wirklich genießen kannst. Ob du introvertiert oder extrovertiert bist: Finde heraus, wie du mit dir selbst zusammen sein kannst.

Mit dir selbst zusammen sein

Mit dir selbst zusammen zu sein, mag vielleicht etwas seltsam klingen. Du hast es dir jedoch verdient. Nimm dir regelmäßig Zeit für Dates mit dir selbst. Die tägliche Hausarbeit, der Job und persönliche Pflichten machen es vielleicht schwierig, dir Zeit für dich selbst freizuschaufeln. Du solltest deinen Zeitplan jedoch so gestalten, dass du dabei auch immer genug Zeit für dich selbst hast.

Mehr Zeit für sich selbst kann man auf verschiedene Art und Weise arrangieren:

* Stehe etwas früher auf.
* Schalte deine Unterhaltungselektronik ab.
* Schließe die Tür zu deinem Büro.
* Gehe in der Mittagspause nach draußen.
* Trage im Kalender ein Date mit dir selbst ein.

Es geht nicht um die Quantität, sondern immer um die Qualität dieser Zeit. Du kannst 30 Minuten zu einem tollen Date machen oder du kannst einen Tag auch komplett verschwenden, wenn du dein Date mit dir selbst nicht erstklassig für dich nutzt.

Vielleicht möchtest du in dieser Zeit gerne Sport treiben oder trainieren. Vielleicht möchtest du lieber Zeit mit deinen Freunden verbringen. Oder du möchtest lieber einfach im Schlafanzug deine Lieblingsserie oder einen Film gucken.

Es gibt keine „richtige" oder „falsche" Art, wertvolle Zeit mit dir selbst zu verbringen. Wichtig ist, dass du dir überhaupt die Zeit nimmst und darauf achtest, das Beste in dieser Zeit zu machen. Wenn du entspannt und glücklich bist, wirst du dir selbst und deinem Körper das geben, was du brauchst.

Lerne während des Dates, dich selbst wertzuschätzen. Du bist diejenige, die gerade eine Trennung durchmacht. Vielleicht flüstern dir alle möglichen inneren Dämonen Lügen zu. Diesen Kampf musst du selbst ausfechten. Indem du dir selbst Wertschätzung schenkst, kannst du Kraft tanken. Erlaube dir selbst, verletzlich zu sein, ohne darin zu ertrinken. Betrachte dankbar all die positiven Dinge in deinem Leben.

Du hast die Macht und das Potenzial, dein Glück zu steuern. Zeit mit dir selbst zu verbringen, kann es dir erleichtern, dich selbst kennenzulernen und glücklich zu machen. Indem du mit dir selbst zusammen bist und dich selbst liebst, kannst du all deine Träume wahr werden lassen.

Mit dir selbst zusammen zu sein, kann dein Leben verändern. Je eher du es lernst, desto eher kannst du auch lernen, was Glück ist. Ergreife die Initiative und komme mit dir selbst zusammen, sodass dein Glücklichsein nicht von der Gesellschaft eines Mannes abhängt. Selbst wenn du einen neuen Partner gefunden hast, kannst du deine Dates mit dir selbst fortführen. Dies ist einer der einfachsten Wege, dein Glück selbst in der Hand zu haben und dafür zu sorgen, mit dir selbst und mit deinen Gefühlen in Kontakt zu bleiben.

Ideen für die Zeit mit dir selbst

Amüsiere dich während der Zeit, die du mit dir selbst verbringst. Sie ist dafür gedacht, dich zu entspannen und wieder zu dir selbst zu finden. Dafür musst du kein Vermögen ausgeben. Ob du zu Hause bleibst, dich mit Freunden triffst oder etwas anderes tust: Es gibt jede Menge Möglichkeiten, wie du diese Zeit mit dir selbst verbringen kannst.

Werde kreativ. Die Zeit für dich selbst ist ein guter Ansatz, sich zu entfalten und neue Dinge auszuprobieren. Betrachte deine Zeit als einen Pfad zur Selbsterkenntnis. Wenn du keine neuen Sachen ausprobierst, wirst du nie herausfinden, ob sie dir Spaß machen oder nicht. Hierbei kannst du auch deinen Freundeskreis befragen. Sie müssen dich nicht unbedingt begleiten, aber du kannst sie nach Vorschlägen fragen, da sie dich so gut kennen. Auch wenn sich eine Idee zunächst verrückt anhört, verliebst du dich am Ende vielleicht doch in die Sache.

Wellnesstag

Ob du dies zu Hause oder in einem echten Wellness-Spa machst: Entspanne und verwöhne dich selbst ein wenig. Du kannst dir eine Maniküre oder Pediküre gönnen oder deine Verspannungen von einem Massagetherapeuten wegkneten lassen. Beruhige deine Haut mit einer schönen Maske und lehne dich zurück. Für ein paar Stunden kannst du die Sorgen dieser Welt einfach vergessen. Sieh davon ab, eine Freundin zum Mitkommen einzuladen. Allein zu gehen, erlaubt dir, jeglichen Small Talk zu vermeiden.

Gehe ins Kino!

Allein ins Kino zu gehen, ist absolut in Ordnung. Vielleicht willst du eine Nachmittagsvorstellung der neuesten Liebeskomödie besuchen oder dir abends den aktuellsten blutigen Horrorfilm reinziehen. Egal worauf du stehst: Kauf dir ein Kinoticket und eine Portion Popcorn. Zwei Stunden im Kinosaal sind vielleicht genau die Art Therapie, die du gerade brauchst.

Gehe mit Freunden aus!

Wenn du in einer Beziehung bist, leiden oft deine Freundschaften darunter. Jede Minute deiner freien Zeit verbringst du mit „ihm". Vielleicht hast du in letzter Zeit oft wehmütig an einige deiner Freunde gedacht. Tritt mit ihnen in Kontakt. Sie vermissen dich wahrscheinlich genauso sehr, wie du sie vermisst. Geh mit ihnen tanzen oder mache einen Mädelsabend, bei dem ihr zusammen am Esstisch Wein trinkt und den neuesten Klatsch austauscht.

Besuche einen Kursus!

Verlasse deine Komfortzone und mache einen Kurs. Vielleicht interessierst du dich für einen Kunstkurs wie Malen oder Töpfern. Oder vielleicht spricht dich ein Kochkurs an. Eine neue Fähigkeit zu erlernen, kann sehr dabei helfen, dich von einem gewissen Jemand abzulenken. Wenn dir der Kursus gefällt, kannst du dich in ein neues Hobby vertiefen und damit freie Zeit füllen, sodass du dich im Verlauf der Woche nicht so einsam fühlst.

Gehe ins Fitnessstudio!

Wenn deine hehren Fitnesspläne bisher nicht so ganz geklappt haben, ist jetzt der ideale Zeitpunkt, das wiedergutzumachen. Du kannst einen Kurs besuchen oder dir einfach deine Kopfhörer schnappen und aufs Laufband steigen. Kalorien zu verbrennen, kann dabei helfen, dich mit dir selbst besser zu fühlen. Und sobald die Endorphine ausgeschüttet werden, fühlst du dich vielleicht auch mit deinem Leben glücklicher. Diese

Zeit für dich kannst du dir auf dem Weg zur Arbeit, in der Mittagspause oder auf dem Heimweg nehmen.

Gehe frühstücken!

Gönne dir ein ordentliches Frühstück, z. B. auf dem Weg zur Arbeit oder wenn du einen Tag frei hast. Probiere ein neues Lokal aus. Gönne dir ein köstliches Kaffeegedeck oder bestelle dir etwas Exklusives von der Speisekarte. Eine Mahlzeit für dich allein gibt dir Zeit zum Nachdenken und gleichzeitig die Möglichkeit, auch deinen Gaumen zu verwöhnen. Es gibt Unmengen von Leuten, die allein essen gehen; wage es also ja nicht, dich bei der Frage nach einem Tisch für eine Person zu schämen!

Besuche ein Konzert!

Wenn du ein Konzert besuchen willst, brauchst du dafür keinen Begleiter. Sobald die Musik ertönt, wirst du so gefangen davon sein, dass es egal ist, ob jemand mit dir da ist oder nicht. Auch wenn keine Künstler in deine Gegend kommen, geh zu einem Konzert im Park oder suche dir andere Veranstaltungen. So kommst du raus aus deinen eigenen vier Wänden und wirst für ein paar Stunden unterhalten.

Shoppen, bis der Arzt kommt!

Gestatte dir, etwas Geld auszugeben. Gehe in deine Lieblingseinkaufsstraße und gönne dir ein paar neue Sachen. Vielleicht brauchst du eine neue Deko, um deine Wohnung etwas aufzupeppen. Oder du kaufst dir ein neues Kleid und ein Paar neue Schuhe, damit du dich wieder mehr wie du selbst fühlst. Unterschätze nie die Macht der Einkaufstherapie! Sobald du ein paar Einkaufstüten in der Hand hältst, wirst du gleich mit beschwingterem Schritt gehen.

Mache einen Kurzurlaub!

Hast du schon länger ein interessantes Urlaubsziel im Kopf? Ob das in der näheren Umgebung ist oder Übersee: Fahre oder fliege irgendwohin, wo du schon immer mal hinwolltest. Du musst niemandem Rechenschaft ablegen oder irgendjemanden vorher fragen; sei spontan und buche deinen Urlaub. Vielleicht willst du in den Süden fliegen oder eine Single-Kreuzfahrt machen oder, oder ... Was auch immer du dir aussuchst: Entspanne dich, mache jede Menge Fotos oder amüsiere dich einfach nur.

Besuche ein Museum!

Du kannst ein Kunstmuseum, ein historisches Museum oder auch ein Wissenschaftsmuseum besuchen. Schlendere ein paar Stunden durch die Ausstellungshallen und schau dir die Exponate an. Lerne ein paar neue Fakten. Mach dir Notizen. Mach Fotos, wenn dies erlaubt ist. Amüsiere dich ein bisschen. Sollten Vorträge oder Workshops angeboten werden, mach dabei mit. Selbst wenn du schon tausendmal in diesem Museum warst, stell dir einfach vor, du wärst ein Tourist. Du wirst die Ausstellungsstücke des Museums in einem ganz neuen Licht betrachten.

Gehe wandern!

Schnüre deine Wanderstiefel, packe ein paar Flaschen Wasser ein und los geht's. Je nachdem, wo du wohnst, gibt es vielleicht in der Nähe einen Wanderweg, einen Naturschutzpark oder einen Nationalpark. Du kannst auch einer Route folgen, bei der ein bisschen Klettern gefragt ist. Wenn es in deiner Nähe keinen ausgezeichneten Wanderweg gibt, suche dir selbst eine schöne Route. Dich in der freien Natur zu bewegen, kann sehr hilfreich sein, um einmal abzuschalten. Außerdem wird dir die frische Luft guttun. Mache auf dem Weg ein paar Selfies, so kannst du auch zu Hause noch mit der Natur verbunden sein.

Koche oder backe einmal etwas anderes!

Besorge dir ein Kochbuch und probiere ein neues Gericht aus, z. B. einen Auflauf oder ein Soufflé. Oder vielleicht willst du etwas backen, z. B. frisches Brot oder Schokoladenkekse Wenn du Zeit mit dir allein verbringst, ist das eine gute Gelegenheit, deine Kochkunst zu verfeinern. Und wenn du fertig bist, kannst du gleich probieren, was du geschaffen hast, und dich damit selbst belohnen.

Lies ein gutes Buch!

Vielleicht gibt es ein Buch, das dir empfohlen wurde und das du schon seit einer ganzen Weile lesen wolltest. Wenn du Zeit für dich freigeschaufelt hast, kannst du endlich dieses Buch aufschlagen oder es auf deinen E-Reader laden. Dich in ein Buch zu vertiefen, kann eine gute Möglichkeit sein, die Sorgen der Welt für ein paar Stunden zu vergessen. Wenn du kein spezielles Buch im Auge hast, geh in den Buchladen oder zur Bücherei und schau, welcher Titel dich anspricht.

Schreibe ein Tagebuch oder fertige ein Scrapbook an!

Verbringe Zeit mit etwas, was dir Freude macht – das kann Schreiben oder auch Scrapbooking sein, je nachdem, was dich mehr anspricht. Schreibe deine Gedanken zu dem nieder, was im Verlauf der letzten Woche passiert ist. Wenn du mit Worten nicht so gut umgehen kannst, greife zu einem Scrapbook. Dieses kannst du mit Fotos, Kassenbons, Flyern, Broschüren und anderen Erinnerungen an das, was du erlebt hast, füllen. So kannst du dir immer wieder vor Augen führen, was für tolle Sachen du unternommen hast. Außerdem lenkt es dich für eine Weile von deinem Kummer ab.

Solange du es verstehst, dich zu entspannen und dich zu amüsieren, spielt es im Grunde genommen keine Rolle, was du machst. Sieh dir jede Woche deinen Terminkalender an und sorge dafür, dass du ausreichend Zeit für dich selbst reservierst. Dies wird dir nicht nur helfen, dich weiter vorwärtszubewegen, sondern sorgt auch dafür, dass du in kommenden Jahren eine gesunde Beziehung zu dir selbst hast.

Mantras für die Zeit mit dir selbst

Mantras können helfen, wenn du dich daran erinnern musst, warum es so wichtig ist, dir Zeit für dich selbst zu nehmen. Das Leben stellt viele Anforderungen an dich. Wenn du dir jedoch

Zeit für dich selbst nimmst, wirst du nicht nur ausgeglichener, sondern auch glücklicher sein.

Hier sind einige Mantras, die du dir selbst vorsprechen oder auf Klebezetteln notieren kannst:

* Ich fühle mich energiegeladen. Das Leben gibt mir Kraft.

* Ich brauche Zeit für mich selbst.

* Ich habe heute Zeit, mich nur auf mich selbst zu konzentrieren.

* Zeit mit mir und nur mit mir allein hat Heilung bewirkende Kräfte.

* Mit mir selbst zusammen zu sein, gibt mir die Gelegenheit, zu erfahren, wer ich bin.

Wenn du diese Mantras im Stillen wiederholst und/oder laut aussprichst, wird dir immer wieder bewusst werden, warum regelmäßige Zeit mit dir selbst so notwendig und so wichtig ist.

BASTLE DIR DEINEN PERFEKTEN MANN!

IRGENDWANN WIRST DU WIEDER BEREIT SEIN, MIT DEINEM LEBEN weiterzumachen. Du brauchst dafür zwar keinen Mann, aber du willst vielleicht mit jemandem die Höhen und Tiefen des Lebens teilen. Es gibt einen Grund, warum es mit deinem Ex vorbei ist. Er war nicht perfekt für dich. Jetzt ist der ideale Zeitpunkt, dir deinen perfekten Mann zu „basteln".

KONZENTRIERE dich dabei nicht auf die körperlichen Aspekte. Konzentriere dich vielmehr darauf, was deinen Mann perfekt macht. Beleuchte verschiedene Aspekte seiner Persönlichkeit: *Wer ist er? Woran glaubt er? Wie fühlst du dich, wenn du mit ihm zusammen bist?* Durch diese Fragen wirst du wissen, wonach du eigentlich suchst. Du wirst wissen, was du grundsätzlich in einer Beziehung erwartest und worauf du auf keinen Fall verzichten möchtest. Das verringert die Wahrscheinlichkeit, dass du dich aus reiner Einsamkeit auf eine neue Beziehung einlässt.

. . .

DIR DIE ZEIT ZU NEHMEN, deinen perfekten Mann zu basteln, wird zum einen deinem Selbstwertgefühl guttun; zum anderen setzt du damit einen Maßstab, der sicherstellt, nur das Beste zu akzeptieren. Du verdienst es, glücklich zu sein. Es besteht kein Grund, sich übereilt in eine neue Beziehung zu stürzen – besonders dann, wenn du spürst, dass es die falsche sein könnte.

WARUM SOLLTEST du dir deinen perfekten Mann basteln?

DU BIST SO VIEL MEHR WERT, als du denkst! Wenn du immer nur den Stand der Dinge akzeptierst, wirst du immer latent unglücklich bleiben. Für eine Beziehung, die es nicht wert ist, solltest du nicht alles geben. Ohne jedoch zu wissen, was du von einem Mann wirklich erwartest, findest du vielleicht nie eine Beziehung, die es wert ist. Mit einem klaren Bild von einem perfekten Mann hast du auch bestimmte Erwartungen und musst dich nicht mit dem Gefühl abfinden, einen Kompromiss einzugehen. Das Letzte, was du willst, ist, eine Beziehung aus Langeweile oder Einsamkeit einzugehen. Sei dir bewusst: Es ist durchaus möglich, wieder die echte Liebe zu finden.

JEDER HAT seine eigene Definition von „perfekt". Vielleicht siehst du dir die Männer an, mit denen deine Freundinnen zusammen oder verheiratet sind, und wunderst dich innerlich über ihre Wahl. Aber wahrscheinlich passt es für sie. Ihr habt möglicherweise einfach nur sehr unterschiedliche Vorstellungen von dem „perfekten Mann". Deine Vorstellungen sind deshalb nicht falsch. Dir die Aspekte vor Augen zu führen, die für dich den perfekten Mann ausmachen, und dann zu entscheiden, was du willst, ist ein guter Weg. Überdies beginnst du so, wieder über

Männer nachzudenken, sodass du den Mann deiner Vergangenheit loslassen kannst und nicht länger zurückschaust.

EMOTIONALE ASPEKTE

Jeder Mann drückt seine Gefühle auf eine andere Art und Weise aus. Möglicherweise ist auch das ein Auswahlkriterium für dich und erklärt, warum du auf ganz andere Männer stehst als einige deiner Freundinnen. Dein erster Impuls ist jetzt vielleicht, dir das genaue Gegenteil von deinem Ex zu suchen. Gehe in dich und prüfe, ob das auch wirklich das ist, was du willst.

VERSCHIEDENE SERIEN UND FILME ANZUSCHAUEN, kann dir dabei helfen, Männer grob in verschiedene „Gefühlstypen" zu kategorisieren. Vielleicht soll dein „perfekter Mann" einem bestimmten Typ entsprechen.

DENKE DARÜBER NACH, wie offen oder verschlossen dein perfekter Mann in Bezug auf seine Gefühle sein soll. Möchtest du jedes winzige Detail seines Gefühlslebens wissen oder wäre es dir lieber, wenn er das meiste mit sich selbst ausmacht? Natürlich gibt es auch hier ein gutes Mittelmaß. Eventuell willst du gar nicht, dass er dir immerzu mitteilt, was in ihm vorgeht. Vielleicht vertrittst du die Haltung, dass es für alles einen passenden Zeitpunkt gibt, auch dafür, die eigenen Gefühle auszudrücken.

WILLST DU JEMANDEN, der leicht in Tränen ausbricht, wenn er traurig ist oder von Gefühlen überwältigt wird? Macht es dir etwas aus, wenn sich ein Mann bei dir ausweint? Dies sind

Dinge, bei denen du absolut ehrlich gegen dich selbst sein musst.

MANCHE MENSCHEN SEHEN Weinen als Schwäche an, während andere es als die Fähigkeit betrachten, die eigenen Gefühle auszudrücken. Du musst wissen, wie du dazu stehst, sodass du im Ernstfall richtig damit umgehen kannst.

DANEBEN GIBT es zahllose weitere Emotionen, über die du dir Gedanken machen solltest. Wie geht er mit Wut um? Bekommt er jedes Mal einen Wutanfall, wenn etwas nicht nach seinem Willen geht, oder beruhigt er sich schnell wieder? Wenn er seine Wut nicht unter Kontrolle hat, kann das ein Zeichen dafür sein, dass auch andere Dinge nicht stimmen. Du willst sicherlich nicht in einer Beziehung mit jemandem sein, der seine Gefühle nicht kontrollieren kann – insbesondere wenn es um Wut geht.

DAS GEFÜHL der Liebe ist ein ebenso wichtiges Gefühl. Weißt du nie genau, ob er dich liebt oder nicht, wird das ein Problem darstellen. Wenn er nicht der Erste ist, der „Ich liebe dich" sagt, wird es vielleicht schwierig, in der Beziehung voranzukommen. Du willst aber auch nicht in die unangenehme Situation gebracht werden, dass er es zu früh sagt und du dich dadurch unter Druck gesetzt fühlst, aus Rücksicht auf seine intensiven Gefühle für dich in der Beziehung bleiben zu müssen.

WIE BEI ALLEM gibt es auch hier eine goldene Mitte. Zeigt ein Mann viele Emotionen, ist das gesund und beziehungsfördernd; du solltest dich aber versichern, dass sie sich auch in einem guten Gleichgewicht befinden. Wenn jemand in Situationen, in denen es eigentlich nicht angebracht ist, zu emotional wird, kann das ein Warnsignal dafür sein, dass diese Person emotional äußerst instabil ist. Genauso kann auch ein Mangel an Emotionalität in bestimmten Situationen zeigen, dass die Person emotional nicht zugänglich ist, was eine echte Bindung sehr erschwert.

WÄHREND DU HIER EINZELNE Emotionen betrachtest, die du dir für deinen perfekten Mann wünschst, geht es am Ende darum, dass du diese Emotionen verstärkt im Fokus hast, wenn du eine neue Beziehung eingehst. Die Art und Weise, wie er sich in verschiedenen Situationen verhält und wie er auf Schwierigkeiten reagiert, kann dir sehr viel darüber sagen, wie tragfähig eure Beziehung in den Höhen und Tiefen des Lebens sein wird.

VERFÜGBARKEIT

Verfügbarkeit ist ein wichtiges Kriterium, wenn du erkundest, welche Vorstellung du von deinem perfekten Mann hast. Er sollte emotional verfügbar sein, das ist klar, aber du solltest auch überlegen, wie viel Zeit du mit ihm verbringen möchtest. Bist du eher jemand, der viel Zeit allein verbringt, willst du wahrscheinlich nicht jemanden, der immer Zeit hat und darauf wartet, dass du etwas mit ihm unternimmst.

MANCHE MÄNNER SIND BERUFSBEDINGT VIEL UNTERWEGS. Das heißt, dass er möglicherweise mehrere Nächte im Monat nicht zu Hause ist. Solltest du von Natur aus eher eifersüchtig sein, könnte das die Beziehung sehr belasten. Hast du andererseits selbst immer sehr viel zu tun und dein eigenes Leben, stört es dich vielleicht nicht einmal, dass er nicht da ist.

. . .

AUCH HIERBEI GIBT ES KEINE „RICHTIGE“ oder „falsche“ Vorstellung. Viel hängt davon ab, welche Sprache der Liebe du sprichst. Wenn deine Sprache Lob und Anerkennung, Geschenke oder Hilfsbereitschaft ist, wird seine temporäre Abwesenheit möglicherweise kein großes Problem für dich darstellen.

SEI EINFACH EHRLICH gegen dich selbst, damit du weißt, ob du es in einer Beziehung bekommen wirst oder nicht.

KARRIERE UND VERDIENST

Du solltest auch mit einbeziehen, wie karriereorientiert dein perfekter Mann ist und wie viel er verdient. Sicherlich willst du nicht oberflächlich erscheinen, dennoch solltest du diese Sache nicht außer Acht lassen.

BETRACHTE ES EINMAL SO: Wenn du eines Tages Kinder haben und zu Hause bleiben willst, wirst du eher einen Mann wollen, der karriereorientiert ist. Er muss genug verdienen, damit du mit den Kindern zu Hause bleiben und trotzdem ein gutes Leben führen kannst.

WENN DU SELBST KARRIEREORIENTIERT BIST UND gutes Geld verdienst, ist es dir vielleicht egal, ob dein Mann ähnlich gestrickt ist. Vielleicht willst du jemanden, der genauso ehrgeizig ist wie du. Oder aber du suchst eher jemanden, der weniger karriereorientiert ist, sodass du für ihn und seine Ziele keine Abstriche machen musst.

WIE BEI VIELEN anderen Merkmalen eines perfekten Mannes

geht es auch hier um die Balance. Ein Mann sollte sowohl in deinem jetzigen Leben als auch in dem, das du schlussendlich führen willst, zur Balance beitragen.

WENN DU WEIẞT, wie karriereorientiert du dir deinen perfekten Mann wünschst, kannst du auch mit den Männern ehrlicher sein, sobald du wieder in den Singlemarkt einsteigst.

GLAUBEN

Du bist vielleicht gläubig oder auch nicht. Beides ist völlig in Ordnung. Du solltest jedoch darauf achten, wie es mit dem Glauben bei deinem perfekten Mann aussieht. Wenn ihr euch in diesem Bereich nicht einig seid, kann das später zum Problem werden. Auch wenn dir dieses Thema im Moment unwichtig erscheint, ist es doch besser, wenn du dir jetzt schon Gedanken darüber machst.

WENN DU SEHR GLÄUBIG BIST – unabhängig davon, welcher Religion du angehörst oder welche Überzeugungen du hast –, brauchst du möglicherweise jemanden, der deinen Glauben teilt. Es kann schwierig sein, mit einem Partner, der deine Einstellung in diesem Bereich nicht teilt, über Dinge zu sprechen, die für dich so elementar sind. Außerdem willst du dich nicht mit deinem Partner streiten müssen, wenn es um Kirchenbesuche, die Taufe eurer Kinder oder darum geht, welche Feiertage begangen werden.

DU KANNST BESCHLIEẞEN, dass dein perfekter Mann absolut nicht religiös ist. Du kannst auch beschließen, dass dein perfekter Mann jeden Sonntag in die Kirche geht. Möglicher-

NIMM DIR ZEIT FÜR DICH!

DEIN EX IST JETZT NICHT MEHR TEIL DEINES LEBENS UND ES IST ein großes Loch entstanden: Zeit, die du normalerweise mit ihm verbracht hast. Anstatt dieses Loch ungefüllt zu lassen, was dazu führt, dass du die Leere immer fühlst, solltest du diese Leere mit Zeit für dich füllen. Dir für dich selbst Zeit zu nehmen, ist ein grundsätzlicher Bestandteil, auf dich selbst achtzugeben. Es gibt dir außerdem die Gelegenheit, dich wieder in dich selbst zu verlieben.

Besonders wenn du lange Zeit mit deinem Ex zusammen warst, hast du vielleicht vergessen, wer du ohne ihn überhaupt bist. Rufe dir selbst wieder in Erinnerung, wer du bist und was du gerne machst, jetzt, wo dein Ex nicht länger mit im Spiel ist. Mit dir selbst zusammen zu sein, kann großen Spaß machen. Es ermöglicht dir auch, ihn ein für alle Mal gehen zu lassen.

Wichtig ist, dass du dir *bewusst* Zeit für dich nimmst. Es geht nicht darum, nach einer harten Arbeitswoche zu entspannen. Es geht darum, dir regelmäßig bewusst Zeit für dich zu reservieren. Nur so kannst du sicherstellen, dass du gut auf dich achtgibst

Wenn dir das Konzept, mit dir selbst zusammen zu sein,

weise kannst du hier von deinen Erfahrungen aus der Vergangenheit ausgehen. Sei ehrlich damit, wie wichtig dir der Glaube ist, sodass du bei deiner nächsten Beziehung auch darauf achten kannst.

Lebensziele

Wenn du einmal die Augen schließt, hast du sicherlich eine Vorstellung davon, wie deine Zukunft aussehen soll. Das umfasst alles, vom Alter, in dem du spätestens verheiratet sein willst, bis hin zu der Anzahl der Kinder, die du dir wünschst (wenn du Kinder willst). Das mag nur eine vage Vorstellung von deinem perfekten Leben sein, aber es ist doch gut, sich Ziele zu setzen – so weißt du, was du wollen würdest, wenn du es bestimmen könntest.

Passend zu deinem perfekten Leben solltest du dir die Lebensziele deines perfekten Mannes ausmalen. Wie alt ist er? Wie viele Kinder wünscht er sich? Welche Art von Job hat er? All diese Fragen kannst du nutzen, um dir deinen perfekten Mann zu basteln. Dein „perfekter Mann" im echten Leben wird natürlich nicht alle diese Aspekte erfüllen, aber es ist trotzdem gut, sie zu kennen, sodass du abschätzen kannst, ob sie überhaupt im Bereich des Möglichen sind oder nicht.

Persönlichkeit

Welche Art von Persönlichkeit ist dein perfekter Mann? Ob privat oder im beruflichen Umfeld: Überlege dir, welcher Persönlichkeitstyp er ist. Ist er bestimmend und dominant oder eher sanft und zurückhaltend?

. . .

PSYCHOLOGEN ZUFOLGE GIBT es fünf Hauptmerkmale der Persönlichkeit:

* Zurückhaltung vs. Offenheit
* Spontaneität vs. Gewissenhaftigkeit
* Introvertiertheit vs. Extrovertiertheit
* Unangepasstheit vs. Angepasstheit
* Selbstsicherheit vs. Neurotizismus

SEINE PERSÖNLICHKEIT WURDE von allen möglichen Erfahrungen und Erlebnissen in der Vergangenheit geprägt. Somit ist er der, der er ist. Du wirst nicht viel an seiner Persönlichkeit ändern können, also entscheide am besten vorher, was für eine Persönlichkeit und welche Merkmale dein perfekter Mann haben soll.

* ZURÜCKHALTUNG VS. OFFENHEIT: Manche Menschen sind sehr bodenständig und bleiben lieber in ihrer Komfortzone. Andere sind dagegen etwas „unkonventionell" und lieben das Risiko. Du solltest entscheiden, ob du nach jemandem suchst, der risikofreudig und offen für alternative Denkweisen ist oder nicht

* SPONTANEITÄT VS. GEWISSENHAFTIGKEIT: Manche Menschen sind sehr spontan und lassen auch mal fünfe grade sein. Andere sind gut organisiert und diszipliniert. Sie werden nie zu spät zu einem Date kommen. Du solltest entscheiden, ob du einen spontanen oder einen sehr zielorientierten Mann suchst.

* INTROVERTIERTHEIT VS. EXTROVERTIERTHEIT: Diese Merkmale beziehen sich darauf, ob jemand introvertiert oder extrovertiert ist. Manche Menschen verbringen lieben einen ruhigen Abend zu Hause, während andere es kaum abwarten können, sich in

Gesellschaft zu begeben und jede Menge Spaß zu haben. Hier können sich Gegensätze auch anziehen. Nur weil du introvertiert bist, heißt das nicht, dass du dir einen Partner suchen musst, der ebenfalls introvertiert ist. Wenn du extrovertiert bist, willst du dir für eine bessere Balance vielleicht einen introvertierten Partner suchen. Grundsätzlich solltest du festlegen, ob du nach jemandem suchst, der einen ruhigen Abend bevorzugt, oder jemanden, der abends gerne ausgeht.

* UNANGEPASSTHEIT VS. ANGEPASSTHEIT: Diese Merkmale sind weitere Persönlichkeitsaspekte, die du dir gut anschauen solltest. Manche Männer sagen selbstbewusst und geradeheraus, was sie denken, während andere lieber schnell konform gehen. Die Männer der ersten Gruppe wirken auf andere Menschen oftmals manipulativ und/oder unhöflich. Die der zweiten Gruppe mögen auf andere gutmütig oder auch etwas naiv wirken. Vielleicht möchtest du jemanden, der eher angepasst ist, oder du bist bereit zu akzeptieren, dass dein Partner zu bestimmten Themen seine unerschütterliche Meinung hat und dies auch genauso unerschütterlich zum Ausdruck bringt.

* SELBSTSICHERHEIT VS. NEUROTIZISMUS: Manche Männer sind wie ein „Fels in der Brandung", egal was passiert. Sie ruhen in sich. Andere machen sich permanent Sorgen, selbst über die kleinsten Kleinigkeiten, und fühlen sich manchmal gar unzulänglich. In manchen Situationen mag es durchaus hilfreich sein, etwas ängstlich und vorsichtig zu sein, aber du willst sicher nicht mit einem Partner zusammen sein, der dir ständig ein Gefühl der Unsicherheit vermittelt. Du solltest entscheiden, welche Tendenz du bei einem Mann bevorzugst. Möchtest du jemanden, der sich über alles und jedes Sorgen macht, oder lieber jemanden, der seine Entscheidungen selbstsicher trifft?

Möglicherweise suchst du dir unbewusst einen Partner, der deine eigene Tendenz spiegelt, obwohl Gegensätzlichkeit hier für eine gesunde Balance sorgen kann.

Bei jedem dieser Persönlichkeitsmerkmale wird es Extreme geben. Manche Menschen sind vielleicht extrem neurotisch, während andere nur wenig Extrovertiertheit zeigen. In den meisten Fällen willst du wahrscheinlich Menschen vermeiden wollen, die sich zu weit am einen oder anderen Ende des Spektrums befinden, da es schwer sein kann, mit ihnen klarzukommen.

Bedenke, dass es nicht nur um seine Persönlichkeit geht. Auch wenn du denkst, dass du bei einem Mann am liebsten dieses oder jenes Persönlichkeitsmerkmal sehen würdest, muss es doch mit deiner Persönlichkeit in Balance stehen. Wenn seine Persönlichkeit der deinen entgegensteht, kann es schwer sein, miteinander auszukommen. Besonders in Bezug auf die Sprache der Liebe müssen Persönlichkeiten gut zueinander passen.

Weitere wichtige Merkmale

Das Glück kommt nicht in Form eines Mannes, der aussieht, als ob er gerade aus einem Hollywoodfilm gestiegen ist. Ein perfekter Mann setzt sich aus vielen verschiedenen Faktoren zusammen. Bedenke, dass du schlussendlich für immer mit jemandem zusammen sein willst.

Diese Qualitäten solltest du auch auf deine Liste setzen:

* Er ist höflich.

* Er ist ehrlich.
* Er ist respektvoll.
* Er ist erwachsen.
* Er ist positiv.
* Er ist selbstbewusst.

AUCH WENN DIR manche dieser Qualitäten selbstverständlich erscheinen, besitzen sie doch nicht alle Männer. Wenn du sie nicht auf deine Liste für deinen perfekten Mann setzt, vergisst du vielleicht, nach ihnen Ausschau zu halten.

* UNGLÜCKLICHERWEISE GIBT ES MÄNNER, die alles andere als höflich sind. Auch wenn du nicht erwartest, dass der Mann dir jede Tür aufhält und immer schön „Bitte" und „Danke" sagt, ist es doch gut, darauf zu achten, dass er auf deine Bedürfnisse eingehen wird.

* EHRLICHKEIT IST EBENSO WICHTIG. Du willst am Ende nicht regelmäßig angelogen werden. Wenn du mit jemandem zusammen bist, der unehrlich ist, behandelt er dich nicht mit dem Respekt, den du verdienst.

* ACHTE DARAUF, wie er seine Kollegen oder seine Großeltern behandelt. Das wird dir alles über seinen Respekt gegenüber anderen sagen. Schließe die Augen und überlege, was für eine Beziehung er mit seiner Familie haben soll.

* DU SOLLTEST DIR JEMANDEN SUCHEN, der auch wirklich erwachsen ist. Das heißt nicht, dass er keinen Sinn für Humor

hat und auch mal locker drauf sein kann. Du solltest aber sicher sein, dass dein Partner ein Mann ist und kein Milchbubi.

* JEMAND, der positiv ist, wird auch Positivität in dein Leben bringen. Wenn du noch dabei bist, jemanden loszulassen aufgrund der negativen Gefühle, die er in dir ausgelöst hat, willst du diese Negativität sicher nicht wieder in deinem Leben haben.

* ZU GUTER LETZT solltest du jemanden suchen, der selbstbewusst ist. Er darf zwar nicht narzisstisch sein, sollte sich aber mit sich selbst wohlfühlen. Man muss sich selbst lieben, bevor man jemand anderen lieben kann. Daher musst du jemanden finden, der weiß, wie man sich selbst liebt, sodass er auch dich lieben kann. Ein bisschen Selbstbewusstsein kann auch sexy sein und sollte definitiv auf deiner Liste stehen.

NATÜRLICH GIBT es auch noch andere Charakteristika, nach denen du Ausschau halten kannst, z. B. Intelligenz, einen scharfen Verstand, einen guten Geschäftssinn, Sinn für Humor u. a. m. Setze es auf deine Liste. Immerhin können große Träume bedeuten, dass du in einem Mann alles findest, was du dir wünschst. Wie das Sprichwort sagt: „Greife nach den Sternen und gewinne den Mond."

MANTRAS ZUM „PERFEKTEN" Mann

Du musst dir bewusst sein, dass es dir vollkommen erlaubt ist, den Mann zu haben, den du dir wünschst. Du kannst die Vergangenheit nicht loslassen, bevor du nicht Hoffnung für die Zukunft hast. Einige Mantras zum laut Vorsprechen oder

Wiederholen im Stillen können dich immer wieder daran erinnern, dass es da draußen einen Mann für dich gibt, der deine wichtigsten Erwartungen tatsächlich erfüllt.

* Ich verdiene den Mann meiner Träume.

* Mich zufriedenzugeben, ist keine Option für mich.

* Meine Beziehung soll mich unterstützen, nicht runterziehen.

* Ich brauche keine Beziehung, ich möchte eine.

* Es gibt da draußen einen guten Mann, der der Richtige für mich ist.

Es gibt keine Deadline dafür, einen Mann zu finden. Es besteht auch keine Notwendigkeit für dich, in einer Beziehung zu sein. Wenn du dazu bereit bist, wieder jemanden in dein Leben zu lassen, wisse, was du willst. Wiederhole bis dahin die Mantras, sodass du dich immer daran erinnerst, was du verdienst.

Kapitel 7: Mach dir klar, dass es den perfekten Mann nicht gibt!

Das vorherige Kapitel war eine gute Übung, deine Wünsche und Anforderungen an einen Mann herauszuarbeiten. Jetzt musst du akzeptieren lernen, dass es so etwas wie den „perfekten Mann“ nicht gibt. Du solltest zwar festlegen, was du von einem Mann erwartest; allerdings ist es nicht realistisch zu erwarten, dass irgendein Mann jede einzelne dieser Erwartungen erfüllen kann. Das ist sowohl dir als auch ihm gegenüber unfair.

. . .

Jede Beziehung, die du eingehst, muss ausgeglichen sein. So wie auch du dich nicht für einen Mann ändern willst, will auch er sich nicht für dich ändern müssen. Er muss dich so akzeptieren, wie du bist, und auch du musst ihn so akzeptieren, wie er ist.

Du solltest dir immer bewusst sein, dass du nicht in einer Beziehung bleiben musst, in der du nicht glücklich bist. Perfektion wirst du nie finden. Wenn er jedoch keine deiner Erwartungen oder zumindest nicht die wichtigsten erfüllt, brauchst du auch nicht in der Beziehung zu verweilen. Bei den ersten Dates geht es immer darum, jemanden erst einmal kennenzulernen. Solltest du dabei nach einer Weile feststellen, dass er nicht einmal ansatzweise an deine Wünsche für ein „für immer" herankommt, kannst du dich ruhig von ihm verabschieden.

Je länger du in einer Beziehung verbleibst, die nicht die richtige für dich ist, desto schwerer wird es auch, sie zu verlassen. Das liegt daran, dass das Zusammensein mit dieser Person bequem wird. Du lässt ihn an jedem Detail deines Lebens teilhaben. Und bevor du dichs versiehst, ist er ein wesentlicher Teil dessen, wer du bist und was du tust. Wenn du dann beschließt, ihn loszulassen, bleibt ein Loch in deinem Leben zurück. Das Ziel ist also, dies von vornherein zu vermeiden und frühzeitig herauszufinden, ob er überhaupt zu dir passt.

Da du dir jetzt die Zeit genommen hast, deine Vorstellung von einem perfekten Mann herauszuarbeiten, kommst du deinen eigentlichen Wünschen näher. Sobald du bestimmte Faktoren festgelegt hast, die für dich nicht verhandelbar sind, beispielsweise Glaube, Persönlichkeit und verschiedene emotionale

Aspekte, kannst du dich beim Kennenlernen auf diese konzentrieren. Triffst du dich mit jemandem zu einem Date, der nicht denselben Glauben hat oder nicht so ehrgeizig ist, wie du es dir wünschst, suche weiter.

Ein Date ist noch keine Verpflichtung. Es ist einfach nur dazu gedacht, jemanden kennenzulernen. Du kannst nicht erwarten, schon beim ersten Date deinen perfekten Mann zu finden. So einfach läuft das nicht. Zu erwarten, dass du jemanden nach deinen Vorstellungen umformen kannst, wird dir nur Enttäuschung einbringen. Am besten legst du vorher ein paar grundsätzliche Dinge für deine Dates fest, sodass du auch bekommst, wonach du suchst.

Sich wieder auf den Singlemarkt zu begeben, kann ein wenig beängstigend sein. Indem du dich vorher mit dem Wissen rüstest, was du eigentlich willst und dass es keine Perfektion gibt, setzt du deine Erwartungen auf ein realistischeres Maß.

Eine Bindung oder Gemeinsamkeiten kannst du nicht erzwingen. Auch wenn er wie die perfekte Person erscheint, hat er vielleicht nicht die von dir ersehnte Persönlichkeit oder die Chemie zwischen euch stimmt nicht. Manchmal sind die Gefühle auch einseitig. Einen perfekten Mann gibt es daher nicht. Es gibt jedoch genug Männer da draußen, die mit dir und deinem Lebensstil absolut kompatibel sind.

Du kannst auf mehrere Arten herausfinden, ob ein Mann gut genug für dich ist und es wert ist, mit ihm eine Langzeitbeziehung anzustreben. Du solltest nie das Gefühl haben, dass du dich gleich in eine neue Beziehung stürzen musst. Du darfst deine vorherige Beziehung ruhig für eine Weile betrauern. Sobald du jedoch die einzelnen Schritte durchgearbeitet und ihn sozusagen „ausgeschwitzt" hast, solltest du dich auf die Zukunft konzentrieren.

ACHTE DARAUF, wie er dich und andere behandelt!

Sein Verhalten dir und anderen gegenüber sagt viel über einen Mann aus. Du kannst ihn schon vorher im Stillen beobachten, bevor du dich mit ihm zu einem Date triffst. Hast du zum Beispiel ein Auge auf einen deiner Kollegen geworfen, kannst du beobachten, wie er Leute behandelt, die über und unter ihm in der Hierarchie stehen. Dies kann dir schon einiges über seine Persönlichkeit verraten, bevor du dich überhaupt mit ihm zu einem Date triffst. Wenn dir nicht gefällt, was du siehst, wird auch ein Treffen mit ihm nichts daran ändern.

MITGEFÜHL IST ETWAS, was du leicht erkennen kannst. Beobachtest du, dass ein Mann die Menschen um ihn herum mit wenig Rücksicht oder Achtung behandelt, zeigt das einen Mangel an jenem Mitgefühl, das ihn zu einem guten Partner machen kann. Auch ihm unterstellte Leute sollten von ihm mit Respekt behandelt werden. Siehst du, dass er ständig Menschen um sich herum ignoriert, herablassend mit ihnen spricht oder sogar von ihnen mehr Arbeit erwartet als angebracht, kann dir das viel über seine Persönlichkeit sagen.

MANCHE MENSCHEN KÖNNEN MITGEFÜHL LEICHTER „ERKENNEN" als andere. Dies hängt oft mit deinem inneren Instinkt oder der weiblichen Intuition zusammen. Beurteilst du jemanden als freundlich und vertrauenswürdig, solltest du diesem Eindruck auch vertrauen. Er entsteht daraus, dass du sein Mitgefühl sehen kannst im Umgang mit den Menschen, mit denen er täglich zu tun hat.

DEINE IM STILLEN BEOBACHTETE PERSON kann sich überall befinden. Vielleicht ist es ein Kollege, jemand in einer Bar oder der Barista aus deinem Lieblingscafé. Jemanden in stiller Faszination für eine Weile zu beobachten, ist nichts Schlimmes. Sollte er mitbekommen, dass du ihn ansiehst, lächle einfach. Damit sendest du das Signal aus, dass du an ihm interessiert bist. Sollte auch er Interesse haben, kommt er vielleicht herüber und fängt ein Gespräch mit dir an.

NACHDEM DU IHN still beobachtet hast, wirst du vielleicht auf dein Bauchgefühl hören und einem Date zustimmen wollen, wenn sich die Gelegenheit bietet. Das Date selbst kannst du als Test betrachten, in dessen Verlauf du ihn genauer kennenlernst. Gefällt dir, was du während des Dates erlebst, kannst du ein zweites Treffen mit ihm ausmachen. Andernfalls hast du immer die Wahl, es bei dem einen Treffen zu belassen.

GIBT ER SICH MÜHE?

Beobachte, wie er dich und auch andere um ihn herum behandelt: Gibt er sich Mühe? Das lässt sich recht leicht beantworten. Plant er das Date nicht im Voraus, liegt ihm möglicherweise nichts an einem tollen ersten Eindruck. Mit jemandem, der unhöflich oder achtlos ist oder dir nicht das Gefühl gibt, begehrenswert zu sein, wirst du vermutlich nicht zusammen sein wollen. Er sollte dir jederzeit das Gefühl geben, dass du für ihn Priorität hast. Vergisst er Verabredungen mit dir oder sagt ständig: „Was willst du denn unternehmen?“, kann dir das eine Antwort darauf geben, ob er sich wirklich um dich bemüht.

SIEH DIR AUCH AN, wie viel Mühe er sich in allen anderen Dingen in seinem Leben gibt. Erledigt er seinen Job ausgezeichnet? Hat er eine gute Beziehung zu seiner Familie? Wenn er sich in keinem Bereich irgendwelche Mühe gibt, solltest du nicht an ihm festhalten und warten, bis er das endlich lernt. Du hast es nicht nötig, dich eines Projekts im Aufbau anzunehmen. Hier kommt zum Einsatz, dass du weißt, was du willst, und nichts Geringeres akzeptierst als das, was du verdienst.

SENDET ER DIR POSITIVE SIGNALE?

Der Mann, mit dem du zusammen sein willst, muss auch sein Interesse an dir beweisen. Verbringt er mehr Zeit mit seinem Handy als im Gespräch mit dir oder hat er kein Interesse daran, beim Schlendern durch die Stadt deine Hand zu halten, solltest du seine wirklichen Absichten hinter einem Date mit dir infrage stellen. Sieh dir auch seine Körpersprache an. Befeuchtet er sich die Lippen, wenn er dir nahe ist? Neigt er sich zu dir und lächelt häufig? Tut er diese Dinge nicht, ist er möglicherweise nicht sonderlich interessiert.

ACHTE DARAUF, wie viel aktiven Einsatz er zeigt, was andere Leute in seinem Leben betrifft. Wenn es so scheint, als ob er sich aus allen Aspekten seines Soziallebens zurückgezogen hat, ist er möglicherweise nicht bereit für irgendeine Form von Bindung. Das könnte zu Herzschmerz führen, wenn du die Zeichen dafür jetzt ignorierst.

. . .

IST ER WERTSCHÄTZEND?

„Danke" ist ein Wort, das viel wert ist. Ob er es nun zu dir sagt, nachdem du etwas Nettes für ihn getan hast, oder zum Kellner, der ihm sein Essen bringt: Achte auf dieses kleine Wort. Wenn er jetzt schon die kleinen Dinge nicht wertschätzt, wird es in Zukunft eventuell schwer werden, etwas für ihn tun zu wollen. Die kleinen Dinge machen mit der Zeit ein großes Ganzes. Indem du auf seine Wertschätzung anderen gegenüber achtgibst, kannst du dich auf eine Zukunft freuen, die von Respekt, Liebe und Glück gekennzeichnet ist.

WERTSCHÄTZUNG ÄUßERT sich nicht nur durch das „Danke". Zeigt er sich erkenntlich, wenn du etwas für ihn tust? Räumt er auf, wenn du gekocht hast? Du willst am Ende nicht in der Situation sein, dass er Dinge, die du oder andere für ihn tun, als selbstverständlich hinnimmt, da das später zu Verbitterung führen kann.

NIMMT ER GEFÜHLE WAHR?

Wenn du aufgebracht bist, sollte er das spüren können. Wenn du glücklich bist, sollte er mit dir feiern wollen. Auch wenn Männer nicht immer jede Emotion mitbekommen, sollten sie dennoch die offensichtlicheren erkennen können. Besonders wenn du zu einem Treffen leicht niedergeschlagen erscheinst, sollte er in der Lage sein zu fragen, was los ist, und versuchen, dich aufzumuntern.

ER SOLLTE AUCH ERKENNEN KÖNNEN, welche Gefühle er bei anderen ausgelöst hat. Wenn er jemanden beleidigt, muss er auch die Konsequenz seines Verhaltens tragen und sich entschuldigen können. Hat er jemanden verletzt, wütend gemacht oder ein anderes Gefühl hervorgerufen, sollte ihm das bewusst sein. Andernfalls riskierst du eine Beziehung mit jemandem, der gar nicht bemerkt, wie sich andere Leute bei seinem Verhalten fühlen. Du wirst außerdem nicht die emotionale Unterstützung bekommen, die für eine gesunde, ausgeglichene Beziehung notwendig ist.

Wie ein Mann dich und andere in seiner Umgebung behandelt, sagt dir mehr über ihn als jede Liste deines perfekten Mannes. Auch wenn eine solche Liste hilfreich sein kann, musst du bei der Beurteilung seiner wahren Persönlichkeit doch auch auf sein tatsächliches Verhalten achten.

Halte nach ungesunden Mustern Ausschau!

Möglicherweise kannst du bei einem potenziellen Partner hinter allen wichtigen Punkten ein Häkchen machen, was den gleichen Glauben, die gleichen Karriereziele und so weiter angeht. Dennoch solltest du stets im Kopf behalten, dass kein Mann perfekt ist. Aber du kannst nach ungesunden Mustern Ausschau halten. Dies ist eine der besten Methoden, um abzuschätzen, ob ein Mann zu einer liebevollen und stabilen Beziehung fähig ist.

Viele Frauen ignorieren solche Muster, weil sie lieber in einer Beziehung als allein sein wollen. Dies birgt große Gefahren. Es gibt problematische Beziehungsmuster, nach denen du Ausschau halten solltest, damit du dich von ihnen fernhalten kannst. Das Auftreten dieser Muster sollte ein Warnsignal für dich sein, einen möglichst großen Abstand zwischen dich und diesen Mann zu bringen. Sonst landest du möglicherweise in einer toxischen Beziehung, aus der nur schwer wieder herauszukommen ist.

UNGESUNDE BEZIEHUNGSMUSTER:

- Er ist zu abhängig.
- Er ist zu unabhängig.
- Er zeigt mangelnde Opferbereitschaft.
- Er ist kommunikationsunfähig.
- Er unterstützt Ungleichheit in der Partnerschaft.

JEDES DIESER UNGUTEN Muster verdient ein wenig gesonderte Beachtung, sodass du schon während der ersten Treffen mit einem Mann Warnsignale erkennen kannst.

ER IST ZU ABHÄNGIG:

Auch wenn du dich selbst von Natur aus als fürsorglich bezeichnest, solltest du vermeiden, eine Beziehung zu deinem ganzen Lebensinhalt zu machen. Du willst nicht seine Mutter, sondern seine Partnerin sein. Hier ist die Balance wesentlich. Dein Partner kann und sollte nicht völlig von dir abhängig sein. Er muss respektieren, dass es Dinge gibt, die du allein tust. Er muss außerdem dein Bedürfnis nach Zeit für dich selbst respektieren. Sollte er sich finanziell von dir abhängig machen, besonders schon in der Anfangsphase, ist das ebenso ein Warnsignal, bei dem du vorsichtig sein solltest.

ER IST ZU UNABHÄNGIG:

In einer Beziehung muss es genug Raum für Kompromisse geben. Ein Punkt, der nicht auf der Liste für den perfekten Mann genannt wurde, ist seine Kompromissbereitschaft. Du solltest eine Beziehung vermeiden, in der er auf keinen Fall verhandelt. Will er etwas unternehmen, ohne dich dazu einzuladen, dann lass ihn seinen Spaß haben. Sollte er das allerdings immer tun, ohne dich in den Entscheidungsprozess mit einzubeziehen, ist es möglicherweise an der Zeit für ein Gespräch. Zu große Unabhängigkeit kann zu dem Problem führen, dass du kein gleichwertiges Mitspracherecht bekommst.

Er zeigt mangelnde Opferbereitschaft:

Opferbereitschaft bedeutet, zu lernen, dass man sich von manchen Sachen verabschieden muss, wenn man in einer festen Beziehung ist. Man kann kein Singledasein führen und gleichzeitig in einer festen Beziehung sein. Abstriche müssen gemacht werden. Sollte er nie auf ein Treffen mit seinen Kumpels verzichten wollen, damit ihr beide einen Abend zu zweit verbringen könnt, solltest du dich fragen, ob er wirklich mit dir in einer Beziehung sein will oder nicht. Du kannst nicht die Einzige sein, die etwas für die Beziehung opfert. Dadurch werden die Dinge unausgeglichen. In jeder guten Beziehung müssen beide ein paar Vorlieben und Wünsche aufgeben, um ein Gleichgewicht zu finden, mit dem ihr beide glücklich seid.

Er ist kommunikationsunfähig:

Kommunikation ist eine der wichtigsten Grundkomponenten jeder gesunden Beziehung. Auch wenn er auf deiner Liste möglicherweise sehr gut abschneidet, ist er vielleicht doch verschlossen. Das kann daran liegen, dass er seine Gefühle nur ungern mit dir teilt oder dass er einfach nicht fähig ist, seine Gefühle auszudrücken. Kommunikationsfähigkeit bedeutet, Eindrücke, Gefühle, Vorlieben, Abneigungen und vieles mehr auch mitteilen zu können. Wenn sich Ärgernisse so lange anstauen, bis sie zum ausgewachsenen Streit führen, kann das die Beziehung sehr belasten. Solltet ihr oft Schwierigkeiten haben, eine ruhige, erwachsene Unterhaltung über diverse Angelegenheiten zu führen, seid ihr möglicherweise nicht füreinander geschaffen.

Er unterstützt Ungleichheit in der Partnerschaft:

Möglicherweise ist er mit veralteten Vorstellungen erzogen worden, was die Rollenverteilung und den Verantwortungsbereich von „Mann“ und „Frau“ betrifft. Die Zeiten haben sich geändert, und auch seine Denkweise muss sich ändern. Sollte er explizit oder implizit Ungleichheit in der Partnerschaft unterstützen, ist dies ein Muster, das zu einer ungesunden Langzeitbeziehung führen könnte.

Seine Einstellung zur Ungleichheit in der Partnerschaft zeigt sich dir vielleicht, wenn ihr anfangt, über die Zukunft zu reden: Kinder, Kochen, Putzen sowie die Erledigung verschiedener Aufgaben im Haushalt. Vielleicht fällt dir diese Ansicht auch im Schlafzimmer auf, bei dem altmodischen Muster, dass ausschließlich der Mann Sex initiiert, die Frau sich ihm hingibt und nur der Mann befriedigt wird.

Wie auch immer die Ungleichheit sich dir zeigt, du solltest das Muster früh erkennen und dir eine gesündere Beziehung suchen. Dies könnte einer der Fälle sein, in denen jemand anfangs all deinen Erwartungen entspricht. Du solltest dir jedoch in Erinnerung rufen, dass es den perfekten Mann nicht gibt und du es verdienst, in einer gesunden Beziehung zu sein.

Indem du problematische Muster frühzeitig erkennst, kannst du dir einiges an Herzschmerz ersparen. Bedenke, dass anfängliche Dates eine Testphase für eine mögliche längere Beziehung sind. Wenn du ungesunde Muster zu lange ignorierst, endest du eventuell in einer Langzeitbeziehung mit jemandem, den du nicht einmal sonderlich magst.

SEI EHRLICH GEGEN DICH SELBST, welche Gefühle er in dir auslöst!

Es gibt einen weiteren Aspekt des perfekten Mannes, der nicht auf der Liste steht. Auch wenn es scheint, dass du mit einem Mann das große Los gezogen hast – er sieht gut aus, hat Sinn für Humor und einen sicheren Job –, darfst du trotzdem nicht ausblenden, wie du dich fühlst, wenn du mit ihm zusammen bist. Du solltest nie nur auf deine Checkliste gucken und ignorieren, was dir dein Körper und dein Kopf sagen. Deine Freunde und deine Familie werden dir nicht sagen können, welche Gefühle er in dir auslöst, das kannst nur du allein!

* GIBT ER DIR DAS GEFÜHL, dass du für ihn Priorität hast?

* Bekommst du in seiner Nähe Schmetterlinge im Bauch?

* Fühlst du dich in seiner Gegenwart selbstbewusst?

* Verspürst du Aufregung und Vorfreude, wenn du ihn bald sehen wirst?

* Fühlst du dich hoffnungsvoll bei dem Gedanken an eine Zukunft mit ihm?

NIEMAND AUẞER DIR KANN SAGEN, welche Gefühle er in dir auslöst. Das ist so ähnlich wie bei der Chemie zwischen zwei Menschen. Entweder du fühlst etwas für jemanden oder nicht. Bekommst du nicht jedes Mal Schmetterlinge im Bauch, wenn du bei ihm bist, wird auch mehr Zeit miteinander dieses Gefühl nicht entstehen lassen.

. . .

Es gibt wohl ein paar Dinge, die er anders machen kann oder über die ihr sprechen könnt, um deine Gefühle für ihn anzufachen. In den meisten Fällen kommt es jedoch ganz einfach auf die Chemie an, die zwischen euch besteht – oder auch nicht. Wenn du nicht hoffnungsvoll auf eine Zukunft mit ihm blickst, gibt es keinen Grund, die Beziehung fortzuführen, da dieses Gefühl der freudigen Hoffnung auch nicht durch mehr Zeit mit ihm entstehen wird.

Ob die Chemie zwischen dir und einem Mann stimmt, kannst du prüfen, indem du auf bestimmte Zeichen achtest. Vielleicht stellst du fest, dass sich seine Körpersprache in deiner Gegenwart verändert, beispielsweise indem er sich dir zuneigt oder dich mit der Hand berührt. Vielleicht neckt er dich mit Dingen, mit denen er andere nicht aufzieht. Auch der Augenkontakt zwischen euch ist eventuell von besonderer Intensität. Ihr beide bemerkt Kleinigkeiten beim anderen und eure Gespräche fließen wie von selbst, sodass ihr die Zeit vergesst.

Fühlbare Spannung ist ein weiteres Zeichen für die richtige Chemie. Körperliche Anziehung und Begehren sind starke Indikatoren für eine gute Chemie zwischen zwei Menschen. Fühlt sich die Luft zwischen euch elektrisch geladen an, liegt das an der spürbaren Spannung. Das sollte aber nicht das Einzige sein, worauf du eine Beziehung aufbaust, da es nicht selbsterhaltend ist. Eine Beziehung muss dich auf allen Ebenen erfüllen – Körper, Geist und Seele.

Schlussendlich musst du ehrlich gegen dich selbst sein, wie

deine Gefühle für ihn aussehen. Freust du dich auf jede Begegnung, ist das ein gutes Zeichen. Bist du in seiner Gegenwart aufgeregt oder auf angenehme Art nervös, sagt dir das, dass du ihn wirklich toll findest. Allerdings ist die Chemie zwischen zwei Personen manchmal einseitig. Daher solltest du nach Anzeichen suchen, die dir zeigen, dass auch er dieses Prickeln zwischen euch empfindet. Bemerkt er Kleinigkeiten? Lächelt er häufig? Flirtet er sogar subtil mit dir? Wenn du diese Hinweise von ihm bekommst und selbst ähnliche Schwingungen aussendest, kann das zu einer glücklichen, gesunden Beziehung führen, die Zukunft hat.

MANTRAS für den richtigen Mann

Wenn du anfängst, Männer mit Blick auf ihr wahres Ich zu beobachten, kannst du entscheiden, ob du mit jemandem eine Beziehung eingehen willst. Diese Mantras kannst du dir laut oder im Stillen vorsagen als Erinnerung daran, dass es den perfekten Mann nicht gibt.

* ICH VERDIENE ES, in einer glücklichen Beziehung zu sein.
* Männer sind nicht perfekt und ich kann sie nicht ändern.
* Ich verdiene es, zu lieben und geliebt zu werden.
* Keine beiderseitige Chemie heißt kein Glück.
* Dates sind dazu da, mehr über jemanden zu erfahren.

DIESE TÄGLICHEN ERINNERUNGEN können dir eine gute Hilfestellung sein, wenn du anfängst, dich mit Männern zu treffen. Stürze dich nicht in eine Langzeitbeziehung, bevor du ihn etwas besser kennst.

. . .

KAPITEL 8: Sei glücklich mit der Person, die du im Spiegel siehst!

Bist du mit deinem Spiegelbild zufrieden, wenn du in den Spiegel schaust? Dabei geht es nicht allein um das Äußere, selbst wenn du selbstbewusst zu deinem Aussehen stehen solltest. Vielmehr geht es darum, glücklich damit zu sein, wer du bist und wer du geworden bist.

WENN DU DICH in deiner eigenen Haut nicht wohlfühlst, wirst du auch nicht das Gefühl haben, einen guten Mann zu verdienen. Die gute Nachricht ist: Es gibt einige Dinge, die du tun kannst, damit du glücklicher bist mit dir selbst, deinen Gefühlen sowie auch mit deinem Aussehen.

ES IST WICHTIG, offen mit deinen Fehlern umzugehen. Vielleicht bist du dir durchaus bewusst, was für Fehler das sind. Falls nicht, kannst du dir von deinem Freundeskreis bei der Erkenntnis deiner größten Charakterfehler helfen lassen, damit du an ihnen arbeiten kannst. Vielleicht kommst du immer zu spät oder bist Meisterin im Aufschieben. Was auch immer deine Fehler sind: Es ist gut, sie zu kennen, damit du offen und ehrlich sein kannst. An manchen Dingen kannst du arbeiten, während du zu anderen vielleicht einfach stehen musst.

WÄHREND DU MIT dir selbst und deinem Spiegelbild zufriedener wirst, wird auch dein Selbstbewusstsein wachsen. Das macht es dir einfacher, bei der Begegnung mit einem Mann „Nein“ zu sagen, der nicht dem entspricht, wonach du suchst. Frauen mit geringem Selbstbewusstsein geraten mit größerer Wahrscheinlichkeit in eine schlechte Beziehung, da sie nicht einsam sein wollen.

. . .

Es gibt aber genug Möglichkeiten da draußen. Du kannst wählen, mit wem du zusammen sein willst und wann. Verkaufe dich nicht unter Wert, indem du dir den ersten Mann greifst, der Interesse an dir zeigt. Wenn du keine Chemie verspürst und er deine Erwartungen nicht erfüllt, ist es völlig in Ordnung, dankend abzulehnen. Die meisten Männer bevorzugen es, wenn du ehrlich mit ihnen bist, statt sie am ausgestreckten Arm verhungern zu lassen.

Sei dein bestes Selbst!

Fehler passieren und das ist auch okay. Lass all diese Fehler hinter dir, damit du dein bestes Ich sein kannst. Du solltest dich darauf konzentrieren, jeden Tag in verschiedenen Bereichen deines Lebens besser zu werden.

Das ist leichter gesagt als getan. Ab einem gewissen Punkt musst du dir einige deiner schlechten Angewohnheiten einfach ehrlich eingestehen. Wenn sich jedoch Hass in deinem Herzen befindet, wird dich das davon abhalten, dich auf eine positive Weise zu entwickeln. Außerdem könnte das heißen, dass du dich von deinem Ex in jemanden hast verwandeln lassen, der du nicht sein willst. Insofern erlaubst du ihm, immer noch Macht über dich zu haben. Lass das nicht zu.

Hier empfiehlt es sich, Vergebung zu üben. Statt Gefühle der Verbitterung zu hegen, sei es gegenüber deinem Ex oder sonst jemandem in deinem Leben, solltest du lieber vergeben und vergessen. Lerne aus dem, was du durchlitten hast, und sei dankbar für diese Lektion. Sieh das Vergeben nicht als

„jemanden davonkommen lassen" an. Tu es für dich, damit du von deinen negativen Erfahrungen Abstand nehmen kannst. Andernfalls werden diese dich weiter in deinen Gedanken verfolgen.

SIEH DAVON AB, andere für bestimmte Verhaltensweisen von dir verantwortlich zu machen. Es ist leicht, jemand anderem die Schuld für etwas zu geben, was du getan hast, aber am Ende wird dich das nicht weiterbringen. Wenn du nicht glücklich bist, mach dir bewusst, dass du die Kontrolle über deine Gefühlslage hast. Niemand kann dich zu bestimmten Gefühlen zwingen – du hast die Macht, negative Menschen aus deinem Leben zu verbannen. Stehe sowohl in deinem Beruf als auch in deinem Privatleben zu deinen Fehlern, um zu einem besseren Menschen zu werden.

HÖFLICH ZU SEIN, erfordert keine zusätzliche Anstrengung. Worte wie „Bitte" und „Danke" haben tatsächlich viel Wert. Außerdem werden die Menschen um dich herum es zu schätzen wissen, dass du ihnen deine Wertschätzung zeigst. Kleine Nettigkeiten können jemandem den Tag versüßen. Sollte jemand zu dir unhöflich sein, lächle im Gegenzug. Lass dich nicht auf das Niveau dieser Person herab, das kann dein Herz für den Hass öffnen. Lass das schlechte Benehmen eines anderen nicht dein eigenes Verhalten bestimmen. Stehe darüber.

LERNE ETWAS ÜBER DINGE, mit denen du noch nicht vertraut bist. Es ist z. B. gut, etwas über die Sitten und Gebräuche anderer Kulturen zu wissen, sodass du in der Interaktion mit Angehörigen dieser Kulturen höflich und taktvoll sein kannst.

Steht eine Situation bevor, in der eventuell Gespräche über Politik, Weltkultur oder ähnliche Themen aufkommen werden, bringe dich vorher auf den aktuellen Stand der Dinge. Du wirst dich selbstsicherer fühlen, wenn du in einem Gespräch mit stichhaltigen Daten und Fakten aufwarten kannst.

Es gibt viele Wege, die beste Version seiner selbst zu werden. Lass dir von niemandem vorschreiben, wer du sein sollst. Du bestimmst selbst über dein eigenes Leben, also kannst auch nur du entscheiden, wer du sein willst. Solltest du noch ein „Projekt im Aufbau" sein, ist das auch in Ordnung. Mit ein wenig Arbeit kannst du zu der Person werden, die du sein willst.

Arbeite an deinem Selbstbewusstsein!

Bevor du an deinem Selbstbewusstsein arbeitest, nimm zunächst eine kurze Selbstüberprüfung vor. Wie selbstbewusst bist du derzeit?

- Hast du eine aufrechte Haltung? Hast du einen aufrechten Gang?
- Nimmst du Blickkontakt zu deinem Gegenüber auf?
- Kleidest du dich erfolgsorientiert?
- Kannst du Komplimente annehmen?
- Freust du dich über die Erfolge anderer oder bist du neidisch darauf?
- Lässt du dir gern Feedback geben?
- Sprichst du aus, was du denkst?
- Umgibst du dich mit positiven Menschen?

Solltest du auf irgendeine dieser Fragen mit „Nein" geantwortet haben, kann dein Selbstbewusstsein etwas aufpoliert werden. Das passiert natürlich nicht über Nacht. Stattdessen solltest du jedem dieser Bereiche ein wenig Zeit widmen, damit du dein Selbstbewusstsein Schritt für Schritt aufbauen kannst. Und während du dies tust, wird dir womöglich schon auffallen, dass mehr Menschen dir Beachtung schenken.

Arbeite an deiner Körperhaltung und zeige so, dass du stolz darauf bist, du zu sein. Mache von dir selbst ein Foto und prüfe, ob/in welchem Maß du in dich zusammensinkst oder eine schlechte Körperhaltung hast. Möglicherweise ist es an der Zeit, einen Yogakurs zu besuchen oder einen Chiropraktiker/Physiotherapeuten aufzusuchen, um dir in diesem Bereich helfen zu lassen.

Wähle deine Kleidung so aus, dass du Selbstbewusstsein ausstrahlst. Ziehst du dich bewusst so an, wie du dich fühlen willst (anstatt etwas anzuziehen, was deinem momentanen Gemütszustand entspricht), kann das tatsächlich eine positive Auswirkung auf deine Grundstimmung haben.

Komplimente sind dafür gedacht, einem anderen Menschen Auftrieb zu geben. Lasse nicht zu, dass negative Gedanken deine Fähigkeit mindern, ein Kompliment anzunehmen. Du schuldest auch niemandem ein Gegenkompliment. Ist dies deine instinktive Reaktion auf Komplimente, solltest du daran arbeiten, dies einzuschränken.

Sei dir deines eigenen Wertes bewusst. Bist du ein wertvolles Teammitglied oder eine gute Freundin, erinnere dich selbst daran. Dadurch wirst du dich auch leichter über die Erfolge anderer freuen können, anstatt von dem Gefühl erfüllt zu sein, dass du selbst nicht gut genug bist. Sei dankbar für das, was du erreicht hast, auch wenn jemand anderes einen größeren Erfolg als du erzielt hat.

LASS DIR REGELMÄSSIG FEEDBACK GEBEN, damit du dich stetig verbessern kannst, sowohl im Beruf als auch im Privatleben. Sei nicht die Person, die nicht nach Verbesserungsvorschlägen fragt, weil sie die Antwort nicht hören will. Wissen ist Macht. Indem du dir Wissen aneignest, kannst du deinen Horizont erweitern. Außerdem solltest du offen dafür sein, in bestimmten Bereichen an dir zu arbeiten, sei es, (mehr) Sport zu treiben, besser organisiert oder einfach nur pünktlich zu sein.

SEI SELBSTSICHER, wenn du sprichst. Achte auf Blickkontakt mit deinem Gesprächspartner. Sprich laut und deutlich und achte darauf, deinen Kopf dabei hochzuhalten. Achte auch auf die richtige Sprechgeschwindigkeit, damit andere alles verstehen können, was du zu sagen hast. Selbstbewusste Menschen mit Autorität sprechen in der Regel langsam. Sprichst du normalerweise sehr schnell, versuche das Tempo ein wenig zu drosseln.

SUCHE DEN KONTAKT mit positiven Menschen. Du selbst kannst noch so positiv sein: Wenn alle anderen um dich herum negativ eingestellt sind, wird dich das herunterziehen und dein Selbstbewusstsein belasten. Wähle deine Freunde umsichtig aus; wähle Menschen, die so zuvorkommend und großzügig sind wie du.

. . .

MACHE dir selbst so oft wie möglich Komplimente. Siehst du besonders gut aus, gestehe dir das auch ein. Sag es deinem Spiegelbild, während du dir die Haare machst oder bevor du morgens das Haus verlässt. Feiere auch deine eigenen Erfolge, egal, wie groß oder klein sie sind. Das erinnert dich daran, dass du ein toller Mensch bist.

MANCHMAL KANN SCHON ein Lächeln helfen, um deinem Selbstbewusstsein Auftrieb zu geben. Beim Lächeln fühlst du dich automatisch besser. Und das Beste daran: Damit kannst du eine Kettenreaktion auslösen und den Menschen um dich herum ebenso diesen Auftrieb geben.

MEHR SELBSTBEWUSSTSEIN KANN in sämtlichen Bereichen deines Lebens hilfreich sein. Du wirst mehr Menschen anziehen, die dich näher kennenlernen wollen. Im Privatleben sprechen dich Männer vielleicht schneller an, denn Selbstbewusstsein ist sexy. Im Berufsleben wirst du möglicherweise feststellen, dass du schneller Aufstiegschancen erhältst, mehr Kunden gewinnst und in Meetings häufiger nach deiner Meinung gefragt wirst.

GÖNNE DIR EINE TYPVERÄNDERUNG!

Wenn du in den Spiegel siehst, musst du auch lieben, was du siehst. Bist du mit einem Aspekt deines Aussehens nicht zufrieden, ist es vielleicht Zeit für eine Typveränderung. Dabei bestimmst du selbst die Art und das Maß. Bitte deine Freundinnen um Hilfe. Dich selbst zu verwöhnen und dir einen neuen Look zu gönnen, ist vielleicht genau das, was du brauchst, um dich mit deinem Spiegelbild gut zu fühlen.

. . .

SOLLTEST du in einer Langzeitbeziehung gewesen sein, kann ein neues Styling dir dabei helfen, dir selbst eine neue Identität zu verleihen. Vielleicht hast du mit ihm immer einen bestimmten Look gehabt, weil er dich so am liebsten gesehen hat. Ob du dafür die Haare lang oder offen getragen hast oder sogar eine bestimmte Menge Make-up benutzt hast: All das kannst du ändern. Du bist nicht mehr mit ihm zusammen, gestalte dein Aussehen also so, wie du dich damit am wohlsten fühlst.

EINE TYPVERÄNDERUNG MUSS keine große Aktion sein. Es gibt hierfür jedoch Experten wie z. B. Stylisten, die du für deine Typveränderung aufsuchen kannst. Es hängt immer davon ab, wie viel Geld du dafür ausgeben möchtest.

FANGE MIT DEINER KLEIDUNG AN.

VIELLEICHT WILLST du deinen Kleidungsstil ein wenig auffrischen. Sieh dir dabei zum Beispiel die folgenden Bereiche an:

* Farbrichtung (dunkle vs. helle Farbtöne, warme vs. kalte Farben, Pastellfarben vs. Neonfarben etc.)
* Oberteile (Shirts, Tuniken, Blusen, Tops etc.)
* Hose vs. Rock
* Schuhmodelle

WENN DEIN EX eher klein war, hast du dich vielleicht auf flache Schuhe beschränkt. Möglicherweise ist es jetzt an der Zeit, Schuhe mit Absätzen hervorzuholen. Und wenn er eher groß war, hast du vielleicht immer hohe Absätze getragen, um dich seiner Größe anzupassen. Jetzt willst du vielleicht Ballerinas tragen oder trendy Sneakers.

. . .

NIMM eine Freundin zum Einkaufen mit. Lass sie ein paar Outfits heraussuchen, in denen du ihrer Meinung nach gut aussehen würdest. Beziehe auch die Verkäuferinnen im Laden mit ein. Sie alle werden Outfits wählen, die gut aussehen. Vielleicht fühlen sie sich für dich zunächst ungewohnt an. Gefällt dir, wie du darin aussiehst, kaufe die Sachen. Dies könnte der Anfang eines neuen Ichs sein.

PROBIERE EINE NEUE FRISUR AUS:

DEINE TYPVERÄNDERUNG KANNST du bei deinem Lieblingsfriseur fortsetzen. Wenn du dich mutig fühlst, lass dir von ihm einen neuen Schnitt geben, der seiner Meinung nach zu deinem neuen Lebensgefühl passen könnte. Bringe alternativ ein paar Fotos mit, die du online gefunden hast.

VIELLEICHT WILLST du auch eine neue Farbe ausprobieren. Du kannst dir die Haare komplett färben oder dir nur ein paar Strähnchen machen lassen. Hast du braune Haare, denke über blonde Strähnchen nach. Bist du blond, ziehe Braun oder Rot in Betracht. Solltest du dich besonders mutig fühlen, gefällt dir vielleicht ein wenig Pink, Lila, Türkis oder eine andere Farbe in deinem Haar.

LASS die Haarlänge und den Stil insgesamt ändern. Vielleicht willst du mal etwas Verrücktes ausprobieren. Kannst du dich nicht einmal mehr daran erinnern, wann du das letzte Mal mit deinem Haar etwas anderes gemacht hast, dann mach etwas

Wildes. Haare wachsen schließlich nach. Dein Friseur kann dir die Haare so schneiden, dass du dich danach leichter und freier fühlst als seit Jahren.

Erneuere dein Make-up:

Du kannst deinen Look dramatisch verändern, indem du das Make-up wechselst. Es gibt Hunderte verschiedener Kosmetikmarken. Vielleicht kennst du jemanden, der Make-up verkauft und dir ein paar neue Techniken zeigen kann. Solche Leute können dir sagen, was für ein Farbtyp du bist, und dir alle möglichen Tipps geben und Tricks zeigen. Solltest du niemanden kennen, kannst du dich an ein Kosmetikgeschäft wenden. Die Profis dort können dir alles zeigen, was du wissen musst.

Alles fängt bei der Hautpflege an. Vielleicht probierst du einen neuen Gesichtsreiniger aus, um eventuelle Mitesser oder große Poren loszuwerden. Nutze danach auf jeden Fall eine Feuchtigkeitspflege, damit deine Haut ausreichend mit Feuchtigkeit versorgt wird.

Contouring kann dir helfen, deine Wangenknochen oder deine Nase schmaler erscheinen zu lassen, und vieles mehr. Damit kannst du die Aufmerksamkeit von bestimmten Gesichtspartien ablenken, die dir nicht so gut gefallen, ohne zu plastischer Chirurgie zu greifen.

Manchmal reicht es völlig aus, einfach nur die richtige Farbe für die Grundierung zu finden. Es gibt Farben, die auf bestimmten Hauttypen besser aussehen als andere. Im Augenbereich kannst du Blau, Grün, Grau, Braun, Pink und andere Farbtöne verwenden, um einen neutralen oder dramatischen Look zu erzeugen. Mithilfe einer Kosmetikexpertin findest du passend zu deinem Teint und deiner Augenfarbe die richtigen Farben.

NACH DIESER TYPVERÄNDERUNG bist du möglicherweise nicht mehr wiederzuerkennen. Menschen in einer Langzeitbeziehung verlieren sich oft im anderen. Wenn du dich selbst nicht mehr erkennst oder es aufgegeben hast, auf dein Äußeres zu achten, kann ein Wechsel des Make-ups im Zuge deines Neustylings ein wichtiger Schritt sein, deine Identität wieder an dich zu nehmen.

ÄNDERE ein paar Dinge in deinem Alltag:

EINE TYPVERÄNDERUNG IST NICHT NUR eine Veränderung deines äußeren Erscheinungsbildes. Dazu können alle möglichen Dinge gehören, die dazu beitragen, dein Selbstbewusstsein aufzupolieren und zu einer inneren Zufriedenheit in deinem neu gewählten Leben zu gelangen. Außerdem bekommst du so die Gelegenheit, dich von deinem Ex zu „entgiften".

VIELLEICHT MÖCHTEST DU DAMIT ANFANGEN, dein Schlafzimmer umzugestalten. Kaufe dir neue Bettwäsche und entsorge die, die du mit ihm geteilt hast. Stelle ein paar Kerzen auf, ändere das Farbschema und gönne dir selbst ein paar neue dekorative Elemente.

. . .

Besorge neue Kissen für deine Couch. Vielleicht suchst du dir welche mit inspirierenden Sprüchen, die dich persönlich ansprechen. Sie können dir Trost schenken und dich regelmäßig daran erinnern, wie selbstbewusst du geworden bist.

Ziehe in Betracht, dir ein neues Auto zu kaufen. Vielleicht hast du das alte gekauft, weil er mit dabei war und seine Meinung zu deinem rollenden Untersatz kundgetan hat. Lege dir ein Auto in einer Farbe zu, die zu dir passt und dich auf der Straße selbstbewusster macht.

Wechsele dein Parfüm. Ein neuer Duft kann manchmal genau das sein, was du brauchst. Besonders wenn du dich an einen bestimmten Duft gehalten hast, weil er ihn mochte, ist jetzt der richtige Zeitpunkt für die Wahl eines neuen Parfüms.

Engagiere dich ehrenamtlich für etwas, was dir Freude macht. Vielleicht willst du mehr Dankbarkeit in deinem Leben. Suche dir eine Suppenküche, ein Obdachlosenheim oder eine örtliche Bücherei, wo du ehrenamtlich mitarbeiten kannst. Du wirst Menschen helfen können, die es weniger gut haben. So wirst du auch daran erinnert werden, dass du ein gutes Leben führst.

Ändere deine Routine. Wenn du immer vor der Arbeit ins Fitnessstudio gehst, verlege dies eventuell auf die Zeit nach der Arbeit. Kaufe deinen Kaffee to go mal in einem anderen Laden. Nimm einen anderen Weg zur Arbeit. Deine Routine hier und da zu durchbrechen, kann einen nachhaltigen Einfluss auf deinen Alltag und deine Gemütslage haben.

SOBALD DU DIR dein Leben neu eingerichtet und dir ein neues Styling zugelegt hast, bist du nun für größere Dinge gerüstet. Du besitzt jetzt das Selbstbewusstsein, dich vorwärtszubewegen. Darum gibt es jetzt auch keinen Grund mehr, dich weiter an ihm festzuhalten. Sollte es sich nicht vermeiden lassen, dass dein Ex und du euch doch noch begegnet – z. B. weil ihr in einer Stadt wohnt –, kannst du getrost an ihm vorbeigehen – ohne Angst haben zu müssen, dass du wieder in seinen Bann gezogen wirst.

DEINE TYPVERÄNDERUNG KANN EINEN TAG, eine Woche oder sogar einen Monat in Anspruch nehmen. Wenn deine angestrebte Veränderung voraussichtlich etwas länger dauern wird, lege dir eventuell ein Planungsbrett für deine Vision an. So kannst du deine Wünsche visualisieren. Du kannst Fotos aus dem Netz ausdrucken oder aus Zeitschriften ausschneiden, damit du weißt, worauf du hinzielst. Dein Planungsbrett dient dazu, dir selbst immer wieder vor Augen zu führen, wie du am Ende aussehen willst. Du wirst positiv überrascht sein, wie gut dir das bei der Konzentration auf dein Endziel hilft.

MANTRAS für dein Selbstbewusstsein

Um dein Selbstbewusstsein aufzupolieren, solltest du jede erdenkliche Hilfe in Anspruch nehmen, die du bekommen kannst. Indem du dich selbst anfeuerst, wird es dir leichterfallen, dich selbst an die erste Stelle zu setzen. Positive Gedanken werden dir die Erkenntnis erleichtern, dass du nur das Allerbeste für dich selbst verdienst.

. . .

Einige Mantras aufzusagen, kann dabei eine enorme Hilfe sein. Sprich sie dir laut vor oder verteile kleine Klebezettel in deiner Wohnung, damit du täglich daran erinnert wirst.

- Ich bewege mich selbstbewusst in Richtung meiner Träume.
- Ich übernehme die Kontrolle darüber, wer ich sein will.
- Ich liebe mich selbst, so kann auch ich geliebt werden.
- Ich glaube daran, dass ich alles erreichen kann, was ich erreichen möchte.
- Ich tue mein Bestes und mein Bestes ist gut genug.

Sobald du dir diese Mantras öfter vorsagst, wird dein Selbstbewusstsein regelrecht in die Höhe schießen. Plötzlich wird es dir leichtfallen, dein bestes Leben zu leben. Du wirst jeden Tag deinen eigenen Wert erkennen. Du kannst deine Mantras auch jederzeit wöchentlich wechseln, damit sie jeweils zu dem passen, woran du gerade arbeitest. Auf diese Weise wird ihre Wirkung noch effektiver sein.

Es gibt keine Grenzen. Weder für Gedanken, noch für Gefühle. Es ist die Angst, die immer Grenzen setzt.

— INGMAR BERGMAN

LÖSE DICH VON DEINEM EX!

Du bist nun stärker. Du weißt, dass du und dein Ex nicht zusammengehört. Um wirklich loszulassen, musst du jedoch sicherstellen, dass er tatsächlich aus deinem Leben verschwunden ist. Je nachdem, wie lange ihr zusammen wart und auf welche Weise ihr zusammengekommen seid, ist er möglicherweise ein größerer Teil deines Lebens, als dir lieb ist. Das bedeutet für dich, dass du etwas daran arbeiten musst, um dich komplett von ihm zu lösen.

Ihn aus deinem Leben zu verbannen, kann sich als schwierig erweisen. Möglicherweise ist er „allgegenwärtig", egal wo du dich hindrehst. Es ist nicht gesund, ihn in jedem Winkel deines Lebens vorzufinden. Du kannst dich unmöglich vorwärtsbewegen, wenn er noch Teil deines Lebens ist. Auch wenn du bereits Lebewohl gesagt hast, sollte ihn das erst einmal nur wissen lassen, dass ihr beide nicht länger zusammen seid. Jetzt musst du dafür sorgen, dass er nicht da aufkreuzt, wo du deine Zeit verbringst.

. . .

Selbst wenn es vielleicht möglich ist, dass ihr später irgendwann Freunde seid, musst du jetzt im Moment dein Herz schützen. Dich von deinem Ex zu lösen, erfordert ein wenig Arbeit. Es lohnt sich aber. Es braucht vielleicht Zeit und die Unterstützung deiner Freunde, aber es wird dir helfen, dich in einen positiveren Gemütszustand zu versetzen. Andernfalls kann seine ständig drohende Anwesenheit dazu führen, dass du immer tiefer in eine Depression versinkst.

Wenn du ihn ständig siehst, kann es dich möglicherweise wütend oder traurig machen, wenn er sich schneller als du zu jemand anderem weiterbewegt hat. Wenn du alles darüber hörst, was er so macht, erleidest du möglicherweise einen Rückfall und erinnerst dich daran, warum ihr beide ursprünglich überhaupt zusammengekommen seid. Auch wenn du dir alle Gründe ins Gedächtnis rufst, warum ihr beide nicht zusammengehört, musst du dich doch auch von seiner physischen Anwesenheit befreien.

Den schwierigen Teil hast du mit der emotionalen Loslösung von deinem Ex bereits geleistet. Sobald du ihn auch physisch aus deinem Leben verbannt hast, erlaubt dir das, ein für alle Mal emotional abgelöst zu bleiben. Die physische Distanz kann schwer sein, deshalb sei eventuell auf schwierige Entscheidungen vorbereitet. Bedenke immer, dass du dein Leben in der Hand hast. Kein Mann verdient es, dir vorzuschreiben, wer du bist und was du fühlst. Nimm die Sache in die Hand und entgifte dein Leben von ihm.

Überprüfe deinen Tagesplan!

Zuallererst solltest du einen gründlichen Blick auf deinen

Tagesplan werfen und prüfen, wie und wann die Gefahr besteht, ihn zufällig zu treffen. Denke über deine täglichen Abläufe nach und überlege, wann die Wahrscheinlichkeit am größten ist, dass er dir über den Weg läuft. Deine täglichen Tagesabläufe umfassen sowohl deinen Arbeitstag als auch deine Freizeit.

- Geht ihr zum selben Kaffeeladen?
- Arbeitest du im selben Gebäude wie er?
- Geht ihr zum selben Fitnessstudio?
- Wie viele gemeinsame Freunde habt ihr?

Diese Fragen solltest du dir stellen, um einen Schlachtplan zu entwickeln. Je öfter die Möglichkeit besteht, deinen Ex zu treffen, umso mehr Schritte musst du einleiten, um ihn von dir fernzuhalten. Das wird nicht einfach sein. Du musst jedoch dazu bereit sein, um vollständig heilen zu können.

Einige Veränderungen bezüglich deiner täglichen Abläufe sind ein guter Anfang. Wenn du dir morgens als Erstes immer einen Kaffee geholt hast und dabei auf deinen Ex triffst, gehe nun ein paar Minuten später oder entscheide dich, deinen Kaffee ganz woanders zu trinken.

Wenn du immer nachmittags ins Fitnessstudio gehst, geh stattdessen morgens oder später am Abend, damit du keinen unangenehmen Small Talk mit ihm halten musst.

Deine routinierten Abläufe zu ändern, ist vielleicht lästig.

Mit dieser Unbequemlichkeit geht aber auch die Möglichkeit einher, ihn von dir fernzuhalten. Dies ist ein Opfer, das du bringen musst, damit diese „physische Erinnerung" nicht überall aufkreuzt, wo du gehst und stehst.

WENN DU DIESEN neuen Abläufen folgst, wird es dir mit der Zeit immer leichterfallen. Sieh es nicht als Unbequemlichkeit an. Sieh es stattdessen als Gelegenheit, alltäglichen Dingen einen neuen Schwung zu verleihen und dich auf deine Zukunft zu konzentrieren. Vielleicht wirst du feststellen, dass dir dein neuer, modifizierter Tagesplan sogar gefällt. Zögere nicht, die Dinge etwas aufzumischen und aus deiner Normalität herauszutreten, damit du dir ein neues Leben erschaffen kannst. Das ist die gesündeste Art zu heilen, besonders jetzt, da du jedes einzelne Details selbst bestimmen kannst.

TRIFF ENTSCHEIDUNGEN, auch wenn sie schwierig sind!

Eine Veränderung deines Tagesplans ist möglicherweise nicht die Lösung für alles. Wenn du versuchst, deinem Ex aus dem Weg zu gehen, wirst du vielleicht ein paar schwierige Entscheidungen treffen müssen. Es hängt alles davon ab, wie groß sein Anteil an deinem Leben ist.

VIELLEICHT SCHLÄFST du derzeit schon bei Freunden auf der Couch, weil ihr beide zusammengewohnt habt. Bis du wieder auf die Beine kommst und deine eigene Wohnung hast, musst du eventuell noch weiter aus deiner Komfortzone heraustreten.

WENN IHR BEIDE im gleichen Gebäude arbeitet, solltest du dir überlegen, ob du dir eine neue Stelle suchen willst. Du kannst ihn nicht zum Gehen zwingen, nur weil ihr beide euch getrennt habt. Mit deinem Ex zu arbeiten, kann jedoch aus verschiedenen Gründen problematisch sein. Nicht jeder soll alles über deine Angelegenheiten wissen. Du hast keine Ahnung, was er über dich sagt, also ist es am besten, dich aus der Situation herauszuziehen.

EIN NEUER ARBEITSPLATZ könnte für dich überdies eine großartige Gelegenheit sein. Außerdem kann es für dein Gemüt gesünder sein, wenn du nicht sehen musst, wie dein Ex lächelt und glücklich ist. Du willst nichts von seiner Gehaltserhöhung hören oder zusehen müssen, wenn er eine neue Beziehung beginnt. Du hältst die Fäden in der Hand und bestimmst, was du tun möchtest, um dich von ihm zu lösen. Das kann mitunter eine schwere Entscheidung erfordern, wie zum Beispiel die, dir einen anderen Arbeitsplatz zu suchen.

ES MAG NOCH weitere schwierige Entscheidungen geben, die du treffen musst, um von deinem Ex wegzukommen. Sieh dir deinen Tagesplan an. Wenn du ihn zu bestimmten Zeiten triffst, solltest du dir Alternativen überlegen, um das zu ändern. Die Zeit heilt alle Wunden, also gib dir diese Zeit. Wenn er ständig in deinem Sichtfeld ist, verlangsamt und erschwert das den Heilungsprozess.

MÖGLICHERWEISE HABT ihr den gleichen Freundeskreis. Vielleicht arbeitet er in deinem Lieblingsrestaurant. Oder er besucht dieselbe Schule wie du. Wo auch immer er ist – an diesen Orten solltest *du* nicht sein. Das bedeutet vielleicht für dich, dass du auf dein Lieblingsrestaurant verzichten oder deine

Klassenzeiten ändern oder deine Seminare wechseln musst, damit du ihn nicht zufällig dort triffst.

So wie das Ende der Beziehung nicht dein Leben zerstören darf, darfst du ihm auch nicht gestatten, es weiterhin zu beherrschen. Sieh diese Veränderungen deshalb nicht als „Unterwerfung" oder „Unterdrückung" an. Betrachte sie stattdessen als das, was sie sind: Du übernimmst bewusst die Kontrolle über dein Leben, um dich von ihm loszulösen.

Wenn du solche Entscheidungen triffst, die dich physisch von ihm entfernen, kann dir das dabei helfen, über ihn hinwegzukommen.

Hole dir Unterstützung von deinen Freunden!

Du wirst die Unterstützung deiner Freunde brauchen, um über ihn hinwegzukommen. Dich von deinem Ex zu lösen, kann besonders schwer sein, wenn du Freunde hast, die auch seine Freunde sind. Sie sollten dich sowohl bei der Trennung als auch bei der nachfolgenden Entgiftung unterstützen.

Bei einer Scheidung werden die Besitztümer aufgeteilt, sodass beide etwas bekommen. Bei einer Trennung müsst ihr eventuell manche eurer Freunde unter euch aufteilen. Du kannst zwar keine Bevorzugung von deinen Freunden einfordern, aber du kannst sie darum bitten, manche Sachen mit dir und nicht mit ihm zu unternehmen, und andersherum. Wenn ihr alle früher immer beim Pub-Quiz mitgemacht habt, findet dafür einen anderen Ort, sodass er davon ausgeschlossen ist. Deine Freunde sollten verstehen, warum du nicht mehr mit deinem Ex Zeit verbringen möchtest. Sie sollten bereit sein, etwas ohne deinen Ex mit dir zu unternehmen. Wenn sie nicht dazu bereit sind, waren sie vielleicht schon immer eher mit deinem Ex befreundet als mit dir. So wird es für dich leichter sein zu erkennen, welche eurer Freunde dir näherstehen.

DEINE FREUNDE MÜSSEN auf deine Gefühle Rücksicht nehmen. Du willst dich nicht mit deinen Freunden treffen, um ihnen beim Tratschen über deinen Ex zuzuhören. Du willst nicht wissen, was dein Ex so macht oder mit wem er etwas angefangen hat. Das wird nur dazu führen, dass du plötzlich alles infrage stellst und ständig über ihn nachdenkst.

ZWAR KANNST du deinen Freunden nicht vorschreiben, mit wem sie befreundet sind, aber du kannst sie darum bitten, in deiner Anwesenheit nicht über ihn zu sprechen. Lass sie über ihn reden, wenn du nicht dabei bist. Sie sollten bereit sein, ihre Gesprächsthemen so zu wählen, dass du nicht ständig über den neuesten Stand der Dinge informiert wirst, was ihn betrifft.

STATTDESSEN SOLLTEN dir deine Freunde beim Entgiftungsprozess helfen. Wenn sie deinen Ex auftauchen sehen, sollten sie dich in die andere Richtung lenken. Wenn dein Ex euch anspricht, sollten sie ihm sagen, dass er gehen soll. Und wenn einer deiner Freunde seinen Namen erwähnt, sollten deine anderen Freunde ihm sagen, dass er still sein soll.

AM MEISTEN SOLLTEST du dich auf deine engsten Vertrauten stützen. Sie sollten dir bei der Entgiftung von deinem Ex helfen, indem sie ihn von jedem Bereich deines Lebens fernhalten, damit du dich vollends loslösen kannst.

DIESER SCHRITT KANN dir dabei helfen festzulegen, wer deine wahren Freunde sind. Wenn jemand dich nicht unterstützen möchte, will derjenige nicht dein Bestes. Du solltest dich mit Leuten umgeben, die es dir leichter machen, dich wirklich zu lösen. Andernfalls werden sie dir das Loslassen nur erschweren. Du brauchst in deinem Leben nicht noch mehr Negativität, als du bereits durchlebt hast. Lass dir von deinen Freunden helfen. Diejenigen, die dir nicht helfen, sind sowieso keine Menschen, die du in deinem Leben haben willst.

MANTRAS, um dich von ihm zu lösen

Du musst dich immer wieder daran erinnern, wie wichtig es ist, dich von deinem Ex zu lösen. Wenn du die Dinge hinnimmst, wie sie sind, redest du dir nur selbst ein, dass es in Ordnung wäre, ihn jeden Tag zu sehen. Du willst nicht in die Situation kommen, dass du deine Entscheidung, dich von ihm getrennt zu haben, bereust. Du willst außerdem nicht daran erinnert werden, was ihr alles zusammen hattet – unabhängig davon, warum ihr beide die Trennung beschlossen habt. Das bedeutet, dass du dir selbst immer wieder in Erinnerung rufen musst, warum die Loslösung von deinem Ex so wichtig ist. Das hilft dir, dich auf dein endgültiges Ziel zu konzentrieren: ihn loszulassen.

MANTRAS innerlich oder auch laut zu wiederholen, kann dir den Mut geben und die Kraft verleihen, all diese schweren Entscheidungen zu treffen.

- Ich kann ohne ihn besser verheilen.
- Ich habe die Freiheit, ich selbst zu sein und glücklich mit mir selbst zu sein.
- Ich kann selbst wählen, wer ich sein will und wo ich hingehen will.
- Kein Mann kann mir vorschreiben, was ich tun soll.
- Ich liebe ihn nicht und muss keine Zeit mit ihm verbringen.

WENN DIR NOCH ANDERE Mantras einfallen, füge sie der Liste hinzu. Alles, was dir Mut gibt und dein Selbstbewusstsein stärkt, wird dir helfen. Erinnere dich stets daran, während du dein neues Leben schmiedest, dass *du* die Dinge in der Hand hast. Er sollte am Ende komplett aus deinem Leben verschwunden sein. Das bedeutet: raus aus deinem Herzen, raus aus deinen Gedanken und raus aus deinem Sichtfeld. Wenn dir das gelingt, kannst du ein für alle Mal loslassen.

FINDE DEIN HAPPY END!

Es ist Zeit, dein Happy End zu finden. Nach allem, was du durchgemacht hast, verdienst du eine glückliche Liebe. Für dein Happy End gibt es keinen bestimmten Zeitrahmen, sodass du dich nicht gehetzt fühlen musst.

Wenn du einmal losgelassen hast, kannst du leichter eine neue Beziehung beginnen, ohne dass dich deine alte Beziehung weiter heimsucht. Niemand will das Gefühl haben, in einer Beziehung mit dir und deinen Altlasten zu sein. Daher solltest du neue Beziehungen besser vermeiden, bis du deinen Ex komplett losgelassen hast. Das erlaubt dir, dich der neuen Beziehung voll und ganz zu widmen.

Fange an, dich wieder mit Männern zu treffen!

Es ist Zeit, dich wieder auf den Markt zu begeben. Du kannst langsam anfangen oder dich voll hineinstürzen – ganz wie du magst. Vielleicht lässt du dir zunächst jemanden von einem Freund vorstellen. Nimm wieder am Leben teil und erlebe, wie viel Spaß es machen kann, Dates zu haben und neue Leute kennenzulernen. Oder du lädst dir eine Dating-App herunter und betrittst die Welt des Onlinedatings.

Es ist okay, neue Dinge auszuprobieren und auch einmal aus deiner Komfortzone herauszutreten. Du weißt nie, wann oder wo du den Mann deiner Träume treffen wirst. Von daher solltest du bereit sein, neue Sachen auszuprobieren.

Es gibt verschiedene Wege, wie du das anfangen kannst:

- Nutze eine Dating-App.
- Nimm an örtlichen Treffen teil.
- Lass dich von einem Freund verkuppeln.
- Gehe tanzen.
- Mache ehrenamtlich bei einer Wohltätigkeitsorganisation mit.
- Tritt einer Networking-Gruppe in deinem Berufsfeld bei.
- Gehe auf Messen oder Conventions, bei denen es um Dinge geht, die dich begeistern, seien es Comics, Musik, Bücher oder etwas anderes.

Du willst dein einzigartiges Selbst sein. Es hat keinen Sinn, wenn du jemand zu sein vorgibst, der du nicht bist. Die richtige Person wird dich für das attraktiv finden, was du bist. Wenn du eine Maske aufsetzt, wird er nie dein wahres Ich kennen. Wenn beide ehrlich zeigen, wer sie sind, erhöht das die Chancen auf eine gute, langfristige Beziehung. Zudem könnt ihr gemeinsame

Interessen kultivieren, wenn ihr euch bei etwas trefft, was ihr beide liebt.

AUCH WENN DU dir vielleicht wünschst, dass der Mann dir nachläuft – wir sind im 21. Jahrhundert. Du kannst ebenfalls die Initiative ergreifen. Wenn dir jemand gefällt, zögere nicht, auf ihn zuzugehen. Du kannst ruhig diejenige sein, die das erste Treffen in Ganz setzt. Auf diese Weise kannst du vermeiden, dass Schüchternheit euch beide davon abhält, eure Kompatibilität zu testen.

OB ER DICH zu einem Date einlädt oder du ihn: Bleibe offen. Sprecht nicht über Ex-Partner. Konzentriert euch auf die Zukunft. Haltet das Gespräch leichtherzig, während ihr Gemeinsamkeiten erforscht. Erspüre, ob die Chemie zwischen euch stimmt. Finde außerdem heraus, ob ihr beide einige gemeinsame Interessen habt.

DER BERÜHMTE FUNKE allein ist nicht genug für eine stabile, dauerhafte Beziehung. Umgekehrt werden auch gemeinsame Interessen allein nicht die Leidenschaft hervorrufen, die du dir in einer Langzeitbeziehung wünschst. Du brauchst beides, damit die Dinge sich über das erste Date hinaus in eine bestimmte Richtung entwickeln können.

LASS dich nicht von deinen Erwartungen an einen perfekten Mann davon abhalten, das Potenzial in jemandem zu sehen. Wenn er nicht die Karriere hat, die du dir wünschen würdest, konzentriere dich darauf, ob er Leidenschaft für seinen Job zeigt und ein guter Versorger sein kann. Achte aber auch darauf, dass vor lauter Aufregung während des Dates deine Urteilskraft nicht vernebelt wird, sodass du nicht mehr beurteilen kannst, ob er dich glücklich machen kann oder nicht. Es gibt viele Fische im Meer – wenn sein Charakter keinen nachhaltigen Eindruck bei dir hinterlässt, lass ihn vielleicht besser wieder ins Wasser zurückfallen, damit ihn jemand anderes fangen kann.

Wenn dir der Gedanke an einen neuen Mann immer noch ein bisschen Angst macht, ist das okay.

Wähle ein Tempo, das dir angenehm ist. Du kannst dich von einem Freund verkuppeln lassen oder eine App nutzen. Egal wofür du dich entscheidest: Telefoniere oder texte ein paar Tage lang mit der Person, bevor ihr euch persönlich trefft. Das kann helfen, das Eis zu brechen, bevor ihr euch von Angesicht zu Angesicht gegenübersteht. Du kannst ihn besser kennenlernen und herausfinden, wer er ist und was er macht. Wenn du seine Persönlichkeit bereits ein wenig besser kennst, wirst du dich beim Treffen mit ihm wohlerfühlen. Es kann dir mehr Selbstvertrauen geben, wenn ihr euch dann endlich zu einem Date trefft.

Vorsicht vor Catfishing!

Auch wenn Onlinedating eine Option ist, jemanden kennenzulernen, ist hier Vorsicht geboten. Wenn du versucht hast, einen Termin für ein Treffen auszumachen, und er sich herausredet, sei auf der Hut, ob er dir nicht etwas vorspielt. Catfishing heißt, dass jemand vorgibt, jemand zu sein, der er nicht ist. Jemand, der keine Videochats machen will oder sich nicht mit dir treffen will, ist oft nicht der, der auf seinem Foto zu sehen ist, oder er ist nicht so verfügbar, wie er sich darstellt.

Zwar haben einige Menschen weniger Zeit als andere, aber du solltest dich dennoch schützen. Wenn du kein Echtzeit-Video von ihm zu sehen bekommst und er sich nicht mit dir treffen will, beende die Sache. Jeder, der ernsthaft an einer Beziehung interessiert ist, wird genug Einsatz zeigen, dich persönlich zu treffen.

Lerne die Person kennen!

Nach ein paar Dates solltest du einen besseren Eindruck davon haben, wer er ist. Während du zwar nicht gerade bereit sein wirst, ihn zu heiraten, solltest du schon sagen können, ob er die von dir gewünschten Qualitäten besitzt.

Nimm dir die Zeit, ihn wirklich kennenzulernen, damit du weißt, ob er das Potenzial für dein „für immer“ hat. Finde seine Sprache der Liebe heraus, beispielsweise ob er dazu fähig ist, seine Liebe auszudrücken. Sprachen der Liebe sind entweder Lob und Anerkennung, Hilfsbereitschaft, Geschenke (geben und empfangen), Zweisamkeit oder körperliche Zärtlichkeit. Du wirst dich mit einer davon am meisten identifizieren. Wenn du mit jemandem zusammen bist, musst du fähig sein, deine Liebe und Zuneigung in einer Sprache auszudrücken, die zu ihm passt. Idealerweise spricht er die gleiche Sprache der Liebe. Ihr beide könnt jedoch auch lernen, die Sprache des anderen zu sprechen.

. . .

Gib acht, dass du dich nicht selbst aus den Augen verlierst!

Es ist einfach, sich von einer neuen Beziehung völlig vereinnahmen zu lassen. Alles ist neu und du willst all deine Zeit mit diesem neuen Menschen verbringen. Auch wenn deine Beziehung Priorität haben sollte, solltest du dich nicht davon verschlingen lassen. Darum musst du dir einen Tagesplan machen. Stelle sicher, dass du auch weiterhin mit dir selbst zusammen bist.

Wenn du dich selbst vergisst, landest du wieder ganz am Anfang, falls diese Beziehung enden sollte. Du solltest dich selbst nicht aus den Augen verlieren, nur weil du jetzt Teil eines Paares bist. Nimm dir Zeit für dich, auch wenn das heißt, dass du dir einen Abend von deinem neuen Mann freinimmst.

Liebe ist schön und romantisch. Sie sollte dich jedoch nicht ganz und gar vereinnahmen. Jede Beziehung braucht eine gute Balance. Lass ihn früh wissen, dass du Zeit für dich brauchst, sodass er im Verlauf eurer Beziehung schon damit rechnet – unabhängig davon, wie lange sie dauert. Auch wenn es zunächst unbequem erscheint, wird er es schließlich respektieren. Wenn nicht, weißt du, dass er nicht der richtige Mann für dich ist.

Deine Dating-Checkliste

Alles, was du dir zu deinem perfekten Mann überlegt hast – was ihn ausmacht und wie er nicht sein sollte –, kann dir zum Erstellen einer Checkliste dienlich sein. Wenn du nun wieder beginnst, dich mit Männern zu treffen – egal, ob über eine

Dating-App oder durch andere Begegnungen –, rufe dir immer den Typ Mann in Erinnerung, nach dem du suchst.

EINE DATING-CHECKLISTE WIRD es dir erleichtern, dich mit Männern zu treffen, Spaß zu haben und auf eine feste Langzeitbeziehung hinzuarbeiten.

BEDENKE, dass du das Dating jederzeit beenden kannst. Du bist nicht dazu verpflichtet, dich mit jemandem zu treffen, den du nicht magst. Wenn du keine Zukunft siehst, beende die Sache, bevor es für einen von euch zu ernst wird.

DEINE CHECKLISTE SOLLTE die folgenden wichtigen Punkte enthalten:

- den Typ Mann, nach dem du suchst, inklusive seiner Grundwerte;
- einen guten Gesprächseinstieg, um das Eis zu brechen.
- Behalte stets im Hinterkopf, nicht zu viel von dir preiszugeben (besonders beim ersten Treffen)!
- Rufe dir immer wieder in Erinnerung, warum du ein toller Mensch und der Liebe wert bist!

AUCH WENN DU diese Checkliste nirgendwo aufschreiben musst, wäre das etwas, was du in dein Tagebuch eintragen kannst. Es aufzuschreiben und es schwarz auf weiß vor Augen zu haben, kann dich darin bestärken, überhaupt zu dem Date zu gehen. Wenn dir eventuell der Gedanke im Kopf herumschwirrt, dass du noch nicht bereit bist, kann dir die Checkliste das Gegenteil beweisen.

NIEMAND BRAUCHT deine Checkliste zu sehen. Aktualisiere die Liste, nachdem du verschiedene Dates hattest. Das kann dir helfen, nach bestimmten Dingen Ausschau zu halten, über bestimmte Dinge zu sprechen oder sogar bestimmte Fragen zu stellen. Es ist deine persönliche Anleitung, die dafür sorgt, dass das Dating jedes Mal nach deinen Bedingungen abläuft.

HAB KEINE ANGST VOR BINDUNG!

Bindungsangst lässt viele Beziehungen scheitern. Du willst dich nicht über beide Ohren in einen Mann verlieben, um ihn dir dann durch die Lappen gehen zu lassen, weil du von Bindungsängsten beherrscht wirst.

DU DARFST NICHT ZULASSEN, das die Angst dein Glück beherrscht. Auch wenn deine letzte feste Beziehung nicht geklappt hat, hat dies keinen Einfluss auf deine jetzige Beziehung. Selbst wenn es keine Garantie dafür gibt, dass es diesmal funktionieren wird, findest du das nur heraus, indem du die Beziehung zulässt.

WENN DU DEINEM EX ERLAUBST, dich davon abzuhalten, dich vorwärtszubewegen, hat er gewonnen. Du gestattest ihm, weiterhin einen Bereich deines Lebens zu beherrschen. Das ist dir selbst gegenüber nicht fair und es ist ganz sicher dem neuen Mann in deinem Leben gegenüber nicht fair. Wenn du wirklich über deinen Ex hinweg bist, sollte er nicht mehr in deinem Kopf umherschwirren. Du solltest bei seinem Anblick nicht nervös werden. Es sollte dir egal sein, wenn du ihn mit jemand anderem siehst.

Wenn du voll und ganz über deinen Ex hinweg bist, wird es dich nicht jucken, ihn zu sehen oder von ihm zu hören. Zu wissen, dass er aus deinem Leben verschwunden ist, sollte dir die Kraft geben, dich vorwärtszubewegen. Er hält dich nicht zurück. Nur du selbst kannst dich zurückhalten. Rufe dir in Erinnerung, dass du es wert bist, echte Liebe zu finden. Erinnere dich, wie hart du daran gearbeitet hast, dein Selbstbewusstsein wiederaufzubauen. Du kannst dich an jemanden binden, da du es wert bist, von dieser Person geliebt zu werden.

Ziehe keine Mauern hoch – so lässt du deinen Ex gewinnen. Sei stattdessen bereit, dich der Möglichkeit der Liebe zu öffnen. Auch wenn es vielleicht nicht mit der nächsten Person klappt, mit der du dich triffst: Du kannst es nur sicher herausfinden, wenn du dir selbst auch ein Scheitern erlaubst. Wenn du bei jemandem eine starke gegenseitige Anziehungskraft spürst und ihr Gemeinsamkeiten habt, könnte er der Richtige sein. Erlaube dir selbst, dich auf eine verbindliche Beziehung einzulassen, sodass du herausfinden kannst, wo sie hinführt. Sie könnte sich als das Happy End herausstellen, nach dem du gesucht hast.

Mantras, um glücklich zu sein

Es ist wichtig, dich selbst daran zu erinnern, dass du es verdienst, glücklich zu sein und dein Happy End zu finden. Aus diesem Grund musst du vielleicht ein paar Mantras wiederholen, sobald du an dem Punkt angekommen bist, an dem du wieder dazu bereit bist. Auch wenn du Dates nicht unbedingt brauchst, entscheidest du dich dafür, dich wieder mit Männern zu treffen.

SAGE dir einige dieser Mantras vor, wenn sich Selbstzweifel einschleichen wollen:

- Ich liebe mich selbst, und zwar bedingungslos.
- Ich brauche keinen Mann, um glücklich zu sein.
- Ich lasse Liebe und Positivität in mein Leben.
- Ich bin es wert, zu lieben und geliebt zu werden.
- Es gibt da draußen einen Mann, der meiner Liebe wert ist.

DIESE IM STILLEN oder laut vorgesagten Mantras können dir Mut geben, mit deinem Leben weiterzumachen. Du kannst glücklich sein, geliebt werden und in einer ausgeglichenen Beziehung sein. Dein Ex hat dich nicht verdient. Jetzt, da er aus dem Weg ist, kannst du einen neuen Weg nach vorn beschreiten, damit du dein bestes Leben führen kannst.

ÜBER DEN AUTOR

Antonia Lehmann hat eine Aufgabe: den Menschen beizubringen, wie sie mit ihrem eigenen Schmerz umgehen können. Dadurch ändert Antonia das Leben der Menschen nachhaltig. Sie begleitet die Menschen durch einen einfachen, aber wirkungsvollen Selbstfindungsprozess, der sie befähigt, ihre ungesunden Einstellungen – über das Leben, über andere Menschen und über sich selbst – radikal zu ändern. Mittels dieses Prozesses zeigt Antonia den Betroffenen den Weg zur Befreiung auf.

Mehr Informationen über die Bücher der Autorin findest du auf https://antonialehmann.com

facebook.com/a.lehmann.autorin

Printed in Poland
by Amazon Fulfillment
Poland Sp. z o.o., Wrocław

16855294R00087